厚德博學
經濟匡時

大学思政系列

经济与贸易类专业课程思政教学指南

朱林可 ◎ 主编

上海财经大学出版社

上海学术·经济学出版中心

图书在版编目(CIP)数据

经济与贸易类专业课程思政教学指南 / 朱林可主编.
上海：上海财经大学出版社，2025.4. --（匡时）.
ISBN 978-7-5642-4482-8

Ⅰ. G641

中国国家版本馆 CIP 数据核字第 2024GU7811 号

经济与贸易类专业课程思政教学指南

主　　编：朱林可
责任编辑：林佳依
封面设计：贺加贝
出版发行：上海财经大学出版社有限公司
地　　址：上海市中山北一路 369 号（邮编 200083）
网　　址：http://www.sufep.com
经　　销：全国新华书店
印刷装订：上海颛辉印刷厂有限公司
开　　本：710mm×1000mm　1/16
印　　张：12（插页：2）
字　　数：139 千字
版　　次：2025 年 4 月第 1 版
印　　次：2025 年 4 月第 1 次印刷
定　　价：65.00 元

本书编委会

鲍晓华　邓建鹏　丁浩员　董　静
李　濊　王　开　魏　航　余典范
朱林可　邹　琪

本书主编

朱林可

（以上按照姓名的汉语拼音先后顺序排列）

前　言

　　课程思政是新时代高等教育落实立德树人根本任务的重要抓手。基于专业的课程思政教学指南，是对"培养什么人、如何培养人、为谁培养人"这一教育根本问题的深入思考与系统回应。《经济与贸易类专业课程思政指南》的编写，正是立足于这一初心，旨在通过专业课程与思想政治教育的深度融合，探索新时代经济与贸易类人才培养的新路径。

　　上海财经大学商学院自 2018 年起全面启动课程思政建设工作，以习近平新时代中国特色社会主义思想为指导，深入贯彻全国高校思想政治工作会议和全国教育大会精神，依托"三圈三全十育人"的综合改革框架，形成了"三面融合、双线提升、立体保障"的育人模式。在学院全体教师的共同努力下，至 2020 年秋季学期，商学院实现了本科课程思政的全覆盖，并在此基础上，于 2021 年初进一步推进专业思政建设。这本教学指南正是在前期课程思政建设经验积累与专业思政探索实践的基础上应运而生的。

　　本书的编写旨在为经济与贸易类专业教师提供一套科学、系统的课程思政教学参考，助力教师在传授专业知识的同时，充分发挥课程的思想政治教育功能，培养学生的政治认同、家国情怀、科学思维、国际视野和专业精神。经济与贸易类专业因其学科特点，与国家经济发展、社会运行规律以及全球经济格局密切相关，具有天然的思政教育优势。本书以此为出发点，将专业教学与思政教育有机结合，力求实现以下目标：

体系化引领：以专业思政目标为导向，构建经济与贸易类课程思政的完整教学体系，确保思政教育与专业教育同向同行，形成协同效应。

实践性导向：通过丰富的教学案例和实践分析，将思政元素自然融入专业课程，帮助教师在课堂中潜移默化地引导学生树立正确的价值观。

创新性突破：探索课程思政与专业教学的深度融合路径，提出科学的教学评价与持续改进机制，推动育人效果的全面提升。

前瞻性视野：紧扣新时代国家战略需求，关注全球化背景下经济与贸易人才培养的新要求，培养具有全球视野和创新精神的未来商业领袖。

本书的编写过程得到了上海财经大学商学院世界经济与贸易系和产业经济系教师的广泛参与和大力支持。从初稿构思到内容完善，编写组深入研究了经济与贸易类专业的课程特点，广泛征集了教师和学生的意见与建议，确保本书内容既具有理论深度，又贴近教学实际。同时，本书借鉴了国内外课程思政建设的先进经验，力求在保持中国特色的基础上，体现国际化的教育视野。

在结构上，本书以经济与贸易类专业课程思政的教学理念、指标体系和实施策略为核心，辅以具体课程的思政教学指南，涵盖了"国际金融与风险管理""中级宏观经济学""新制度经济学""产业经济学"

"国际经济学Ⅰ、Ⅱ""世界经济学""国际商务"等多门专业课程的教学设计与案例分析。这些内容不仅为教师提供了可操作的教学参考,而且为学生打开了一扇通往专业知识与家国情怀并重、理论学习与实践能力兼修的学习之门。

教育是国之大计、党之大计,编写《经济与贸易类专业课程思政教学指南》是我们对新时代教育使命的积极响应,也是对经济与贸易类专业人才培养规律的深刻探索。我们希望,本书能够成为教师开展课程思政教学的得力助手,助力学生在专业学习中厚植爱国情怀、砥砺科学精神、拓宽国际视野,使学生最终成长为德智体美劳全面发展、能够担当民族复兴大任的时代新人。

值此书稿付梓之际,谨向所有参与编写、提供支持的师生致以衷心的感谢。教育之路漫漫其修远兮,我们愿与广大教育工作者一起,上下求索,为培养中国特色社会主义事业的建设者和接班人贡献力量。

朱林可
2025 年 3 月

目 录

第一章　经济与贸易类专业课程思政教学导论　1

第二章　经济与贸易类专业课程思政指标体系　11

第三章　经济与贸易类专业课程思政教学的理念、原则与策略　25

第四章　国际经济学Ⅰ课程思政教学指南　37

第五章　国际经济学Ⅱ课程思政教学指南　60

第六章　国际商务课程思政教学指南　73

第七章　世界经济学课程思政教学指南　89

第八章　中级宏观经济学课程思政教学指南　116

第九章　产业经济学课程思政教学指南　131

第十章　国际金融与风险管理课程思政教学指南　153

第十一章　新制度经济学课程思政教学指南　170

第一章　经济与贸易类专业课程思政教学导论

基于深入理解新时代对经济与贸易本科人才培养的需求，我们编制了这本经济与贸易类专业课程思政教学指南，用于指导经济与贸易类课程的专业教学。

本书编写组所在的上海财经大学商学院，始终以习近平新时代中国特色社会主义思想为指导，以党的十九大精神为指引，深入学习贯彻全国高校思想政治工作会议和全国教育大会精神，以"三圈三全十育人"的综合改革框架为准绳，积极探索"三面融合、双线提升、立体保障"的育人方案，各类课程与思想政治理论课同向同行，形成协同效应。使所有课程都有育人功能，所有教师都承担育人使命，深入挖掘拓展各门课程思想政治元素，充分发挥各门课程的思想政治教育功能。到2020年秋季学期，商学院在学校的指导下已经完成了课程思政在本科课程上的全覆盖，并于2021年年初开始着手探索专业思政建设工作。在目前课程思政工作的基础上，实现几个大的突破和创新：第一，专业思政建设将有助于从人才培养的整体目标和定位出发，实现课程思政的体系化和协调一致性；第二，以学习效果保障体系为路径来实现专业思政建设，将使专业思政工作进一步落实落细,实现从建设、实施到评价的可持续改进体系;第三,将专业思政工作融入学习效果保障体系建设,将推动培养德才兼备的人才的良好结果。

一、经济与贸易类专业课程思政教学的专业背景

上海财经大学商学院开设有本科国际经济与贸易专业,本书教学示例部分所涉及的课程,都是该专业的专业必修课或选修课。经济与贸易类专业涉及经济与社会的运行规律和制度基础的研究,与思想政治理论的关联度较高,因此很有必要深入挖掘思政元素,为同类专业的教师们提供指南和参考。

目前中国与世界正处于深刻的变化之中。随着全球化的演进,中国正在进一步深化改革,全面提高开放型经济水平,加快转变对外经济发展方式,不断朝着结构优化、深度拓展、效益提高的方向转变。国际贸易是中国融入世界经济的主要渠道,急需一大批新型的专业人才。本专业培养强调立德树人,将课程思政贯穿培养过程始终,注重美育教育,培养学生的创新意识,强化经济学基本功训练,突出数据处理和外语交流能力的培养,鼓励学生将国际经济理论与实际相结合。

本专业坚持思政育人,旨在培养能够践行社会主义核心价值观,具有全球视野和民族精神,掌握现代国际经济理论和基础知识,以及经济学分析方法,通晓国际经贸规则,认识和把握国内外经济的运行机制和发展规律,具有较强的国际贸易管理和跨文化沟通能力,具备扎实的商务分析能力,能适应全球化竞争,具有卓越的创造力、决断力、组织力和坚韧力的未来商业领袖。学生毕业后可胜任大中型国有和民营企业、涉外企事业单位、跨国公司、金融机构、政府部门等经营管理类工作;可到国内外高水平大学进一步学习和深造;也可在学校

与科研机构从事教学和科研工作。

二、经济与贸易类专业课程思政教学理念

国际经济与贸易类专业课程思政教学的基本理念包括以下几个方面：

（1）落实立德树人根本任务，培养符合社会主义核心价值观的创新型、复合型、国际化人才。

（2）注重顶层设计，以教学质量保障体系（AOL）实现课程思政体系的可实施性和可衡量性。

（3）创新培养模式，通过多种方式和载体的教学与培养，使学生具备正确的国际经济与政治观念、积极正面的价值认知和道德素养，以及国际经济与政治方面的专业知识、专业技能。

（4）贯彻落实习近平总书记关于高校思政教学的"八个统一"的论述（详见本书第三章内容）。

三、经济与贸易类专业课程思政建设目标

（一）总体目标

经济与贸易类专业课程思政建设总目标：培养能够践行社会主义核心价值观、具有全球视野和民族精神、掌握现代国际经济理论和基础知识，以及经济学分析方法的优秀人才。因此，经济与贸易类专业课程思政教学目标紧紧围绕立足党的教育方针与新时代国家发展要求，面向国家战略需求，培养具有良好的沟通、应变、协调能力和创新创业精神，具有较强的国际贸易管理和跨文化沟通能力，富有创造力、决断力及组织力，德智体全面发展的复合型、外向型、创新型人才。

（二）具体目标

经济与贸易类专业课程思政的总目标可从政治立场与思想认识、家国情怀、学科素养、能力培养和职业素养五个方面来体现。坚持正确的政治立场与思想认识，认同中国共产党的领导和中国特色社会主义道路，结合学科特色正确认识当前国际经济与政治领域百年未有之大变局，以及中国在其中的方位。具备强烈的家国情怀，热爱国家，为中国在国际经济和政治舞台上的崛起而努力。具备严谨的学科素养，掌握科学思维的方法。具备良好的专业能力，掌握经济与贸易学科相关知识，并能分析和理解当前的国际经济政治问题。具备优秀的职业素养，能够在社会建设中发挥自己的专长和优势。

具体而言，本专业学生通过学习应达到以下专业人才规格要求：

1. 知识要求

本专业培养的学生应具备科学、完整的知识结构，包括基础性知识、专业性知识、工具性知识和通识性知识等。

（1）基础性知识。强化经济学理论和研究方法的系统训练，扎实掌握国际经济与贸易专业的基础理论、基本知识和基本技能。

（2）专业性知识。掌握国内外经贸活动专门知识和基本原理，熟悉商务活动的业务内容、业务流程，通晓从事国内外经贸活动的法律、法规和惯例。

（3）工具性知识。谙熟从事本专业学术研究和实务操作所必需的数学、外语、计算机和互联网等相关知识。

（4）通识性知识。具备一定的文学、历史、哲学、艺术、管理、法律等方面的知识，了解人类文明发展、世界优秀思想文化，掌握科学常识和现代科技发展的情况和趋势。

（5）与本专业个性化培养模式（拔尖型、卓越型和创业型）相适应的知识。

2. 能力要求

本专业培养的学生应具备系统的能力结构,包括获取知识的能力、运用知识的能力、创新思维的能力和跨文化交流的能力等。

(1) 获取知识的能力。养成良好的自学习惯,具备自我学习知识、自我消化知识、自我更新知识的能力。

(2) 运用知识的能力。具备发现问题、分析问题、综合运用本专业的基础理论和专业知识研究与解决问题的能力。

(3) 创新思维的能力。养成独立思考的习惯,具备进取意识和探索精神,拥有良好的创新能力、创业能力和科学研究能力。

(4) 跨文化交流的能力。培养跨文化交流的本领,了解和尊重世界不同国家和地区的文化与风俗等,在听、说、读、写、译等方面熟练掌握一门外语。

(5) 与本专业个性化培养模式(拔尖型、卓越型和创业型)相适应的能力。

3. 素质要求

本专业培养的学生应具备较全面的素质结构,包括思想道德素质、科学文化素质、专业素质和身心素质等。

(1) 思想道德素质。坚定正确的政治方向,树立爱国主义思想,树立正确的世界观、人生观和价值观,经世济民,诚信服务,德法兼修,富于进取,具有团队意识。

(2) 科学文化素质。具有较好的人文修养、艺术修养、审美情趣及语言文字表达能力,具有全球化视野,掌握自然科学常识,对中外优秀思想文化有一定的了解。

(3) 专业素质。具备扎实的经济学理论基础和专业知识,掌握国际经济学等学科门类的基本理论、分析方法和发展前沿,了解主要国家和地区的经济发展状况、经贸政策法规及世界贸易组织(WTO)的相关知识,掌握国际商务经营中的操作技巧,具备从事经济贸易理论研究的基本技能。

(4) 身心素质。具有健康的体魄、良好的心理品质和生活习惯。

(5) 与本专业个性化培养模式(拔尖型、卓越型和创业型)相适应的素质。

四、经济与贸易类专业课程思政教学课程体系

课程是实现专业思政的基础与抓手。国际贸易专业课程涉及国际贸易发展历史、国家贸易政策以及国际贸易协议与组织的演进等许多可以开展思政教育的领域,应利用好专业课授课平台,以引导学生产生专业之外的思考为重点,向学生开展课程思政教学。可包含以下类别的课程:

(1) 学科通识基础课程。强化经济学理论和研究方法的系统训练,扎实掌握国际经济与贸易专业的基础理论、基本知识和基本技能。突出马克思主义政治经济学等思政元素。

(2) 专业学科课程。掌握国内外经贸活动的专门知识和基本原理,熟悉商务活动的业务内容、业务流程,通晓从事国内外经贸活动的法律、法规和惯例。突出中国对外开放的格局与政策,中国应对百年未有之大变局的方针政策等思政元素。

(3) 个性化培养课程,包括学术型和实践型。学术型课程偏向对专业知识在深度和广度上的拓展,可以包含经济与贸易类专业的衍生课程和高级课程。实践型课程则偏向创业创新相关的领域,可以包括创业学、领导学等相关课程。

表 1.1 展示了本书相关课程思政指南示例课程和对应的负责教师姓名。

表 1.1　　　　　本书相关课程思政指南示例课程和负责老师

课　程　名　称	负　责　人
国际金融与风险管理	王　开
中级宏观经济学	鲍晓华
新制度经济学	朱林可
产业经济学	余典范
国际经济学Ⅰ	李　潋
国际经济学Ⅱ	丁浩员
世界经济学	邹　琪
国际商务	邓建鹏

五、经济与贸易类学科课程思政教学体系的特色

1. 从立德树人根本任务出发,凝练专业思政目标与要素

坚持社会主义办学方向,落实立德树人根本任务,明确人才培养在思政方面的目标,培养符合新时代发展要求的社会主义建设者和接班人。结合前期课程思政建设经验和反馈,在广泛征集、审慎思考的基础上,优化人才培养在思政方面的定位,为经济与贸易类课程凝练有针对性、有特色的思政目标。突出强调对马克思主义政治经济学等基础知识的掌握,对国际经济与政治领域百年未有之大变局的深刻理解,对中国如何应对大变局、如何在国际经济与政治舞台上更好崛起

的深入思考。

2. 以专业思政目标为导向，制定更科学、可量化的学习效果评估方法、措施与流程

首先，在明确专业思政目标的基础上，将思政目标拆分为多个更为具体的思政要素，并将其转化为学习指标，将学习指标分配到具体的课程，建立起专业思政目标与课程目标之间的关联，最终形成课程思政图谱，使得教师更全面、准确地理解专业思政和课程思政之间的关系。

其次，每学年末评估专业思政的学习效果，采取直接评估和间接评估相结合的方式。直接评估采用的评分工具包括课程嵌入式检测（例如：案例分析、情景模拟、课堂演讲、论文报告、期末考试题等）、独立检测（例如：学位论文、创新创业项目、竞赛项目等）；间接评估采用的评分工具包括学生学习满意度调查、校友调查、雇主调查、学生职业发展报告等。

最后，按流程和周期进行数据和信息的收集、统计，分析评估结果，分析学生专业思政的学习效果，并及时反馈至专业负责人、各课程负责人，从专业层面和课程层面形成可持续改进报告，围绕专业思政的人才培养目标实施持续改进。

3. 以持续改进为原则，以学习效果保障体系促进专业思政持续深入

利用好专业课授课平台，以引导学生产生专业之外的思考为重点，通过学习效果保障体系建设，设计量化问卷评价。可以设计一系列符合本课程特点，以调查学生是否感受到、理解、认可和接受课程思政内容为主要目标的问题，希望通过每一轮的改进，实现专业思政目标的优化、课程体系的完善、课程内容和教学方法的改善、基层教学组

织的健全、资源支持的加强等。

六、课程思政教学实施

在落实课程思政教学实施时,主要从以下几个方面展开:教学大纲设计、教学内容设计、教学方法、教材选用、课程思政师资队伍。

(1) 教学大纲设计方面,要求教师能挖掘相关课程的思政元素,体现在教学大纲中,明确本课程的思政教学目标。

(2) 教学内容设计方面,在围绕本课程专业教学的前提下,将相关思政元素自然融入教学过程中。一方面,要明确每次课程的相关知识点与思政元素的结合点,确定内在的逻辑结构;另一方面,要找到适合相关思政元素展开的案例和教学方法,能够达到深入浅出、潜移默化的目的。

(3) 教学方法方面,要注意教师主导和学生主体的统一,以及显性教育和隐性教育的统一。教师主导和显性教育确保了思政教学的方向不跑偏,内容保持完整性和系统性。学生主体和隐性教育,可以避免学生产生抵触情绪或厌学心理,确保教学效果不打折。

(4) 教材选用上要坚持正确的价值观导向,优先选择国内优质教材,最好能够体现相关思政元素。

(5) 课程思政师资队伍方面,要注重师资的培训,使教师具备提炼本课程思政元素并融入教学中的能力。

七、经济与贸易类专业课程思政教学评价

课程思政的教学效果,应从课程教学与学生发展两个方面展开评价。

(1) 课程教学评价方面,应遵循过程评价和结果评价并重的原则。

在教学过程方面,对课程大纲是否体现思政元素、课程内容是否包含思政内容、所用教材是否符合思政教学标准等方面展开评价。在教学效果方面,可以在常规学生评价的基础上,增加思政维度的学生评价。同时,可以结合学校层面原有的教学督导等制度,由听课老师对教师的思政教学效果给出评价。

(2) 学生发展评价方面,可以使用学生问卷的方式,评估学生的思政教学效果。此外,可以结合学生的社会实践成效、用人单位反馈等信息,评价整体的课程思政教学效果。

八、经济与贸易类专业课程思政管理及保障

1. 成立课程思政工作小组

学院党政领导共同参与,确保"课程思政"工作能够融入学院立德树人的整体规划中,统筹课程思政开展过程中所需资源的支持。

2. 加强领航团队、领航课程的建设

积极推进学院思政建设,将专业建设与课程思政建设有序且紧密地结合起来。通过树立领航团队和领航课程,推动整个专业课程体系的思政教学建设。

3. 强化考核与激励

将课程思政建设作为教师考核的一项重要指标,对于表现突出的教师在评奖评优、绩效考核、职级晋升方面给予支持。课程思政项目的建设基于建设经费的资助。

4. 加强对先进团队和课程的宣传报道

扩大先进团队和课程的影响力,在教师中形成正向的引导效应,在学院内营造积极参与课程思政的浓厚氛围。

第二章　经济与贸易类专业课程思政指标体系

本章内容是为了建立起经济与贸易类专业课程思政指标体系。表 2.1 列出了本书所采用的一级和二级指标的具体内容。本章后面部分将分别对每一项指标的内涵和必要性展开论述。

表 2.1　　　　　　经济与贸易类专业课程思政指标体系

一级指标	二级指标
政治认同	拥护中国共产党的领导；理解并认同中国特色社会主义道路
爱国情操	热爱祖国；认同并践行中华民族伟大复兴的中国梦
文化自信	了解并认同中华优秀传统文化；了解并认同中国共产党的革命文化；了解并认同中国特色社会主义文化
公民意识	诚实守信、遵守社会规范；具备完整的社会责任感；具备现代法治意识；具备包容精神
科学思维	具备严谨的逻辑思维；具备基本的数据验证思维；具备探索和求真的意识

续表

一级指标	二级指标
国际视野	了解国际政治与经济的基本格局;理解中国在国际格局中的方位;掌握分析国际政治与经济问题的思维框架
专业精神	追求专业的精通与卓越;精通经济与贸易的专业知识;能够用专业知识分析现实国际经贸问题

一、政治认同

(一) 含义

政治认同就是认同中国现行的基本政治制度,其中核心就是认同中国共产党的领导,理解并认同中国特色社会主义道路。中国共产党的领导是中国特色社会主义的最突出特征,是中国一切事业的基础,也是中国政治体制优势所在和力量来源。中国特色社会主义是改革开放以来,中国共产党领导中国人民进行的伟大事业,对这一事业的理解和认同是制度自信和道路自信的基础。政治认同是思政教育的基础,起着纲举目张的作用。随着中国特色社会主义进入新时代,政治认同的内涵也变得更丰富,其核心是对习近平新时代中国特色社会主义思想的学习和领会。对习近平新时代中国特色社会主义事业面对的新形势和新挑战,也需要在思政教学中加以体现。

(二) 二级指标

1. 拥护中国共产党的领导

中国共产党的领导地位是中国人民在近代以来救亡图存的伟大历史进程中奠定的,是中国人民的选择。实践证明,党的领导是中国一切事业的基础和保障。中华人民共和国成立以来,中国共产党领导中国人民进行伟大的社会主义建设,不断总结经验教训,终于开创了中国特色社会主义的伟大事业。在中国共产党的领导下,中国人民经历了从站起来到富起来,再到强起来的民族伟大复兴。中国共产党的初心和使命是为人民谋幸福、为民族谋复兴。党的领导避免了利益集团对政府的绑架,也避免了多党竞争带来的人为撕裂,是中国的制度优势和道路优势的坚强基石。经济与贸易学科可以从经济效率、制度逻辑、中国所处的国际经济与政治格局等角度,去论证和理解党的领导的正确性和重要性。

2. 理解并认同中国特色社会主义道路

中国特色社会主义是改革开放以来中国共产党领导中国人民开创的伟大事业,是实践证明最适合当前中国的发展道路。在政治制度方面,中国特色社会主义的本质特征是中国共产党的领导。在经济制度方面,中国特色社会主义是以公有制为主体、多种所有制共同发展的社会制度。理解并认同中国特色社会主义道路,在此基础上积极投身其建设之中,是思政教育要达到的基本目标。经济与贸易学科的特征决定了其非常适合从多个角度去论证和分析中国特色社会主义道路的优越性和合理性。政治制度和经济制度是社会经济系统运行的基础,制度的合理性和有效性最终决定了经济资源配置的有效性和公平性。中国特色社会主义制度充分发挥了政府、市场和社会三方面的力量,能够集中力量办大事,能够在经济快速增长的基础上通过合理的收入分配实现共同富裕。这些都是中国特色社会主义道路的合理性和必然性所在。

二、爱国情操

(一) 含义

爱国情操是每一个国家的公民必须具备的品质,这是一个国家凝聚力和行动力的基础，是国家稳定和发展动力的来源。爱国情操有两个方面的含义：一是对国家意识的认同，即热爱祖国；二是对特定历史阶段的国家使命的认同，具体到中国当前的历史阶段，就是对中华民族伟大复兴的中国梦的认同。爱国情操的培养是一个社会全方面多维度措施的结果，具体到思政教育领域，爱国情操的培养主要是对国家历史、国家处境和国家使命的理解。在经济和贸易学科领域，培养爱国情操的一个主要抓手就是从理解中国经济奇迹背后的制度基础、历史背景和国际环境入手。通过理解中国故事，从而产生和深化中国认同，进而转化为参与民族复兴伟大事业的自觉行动。

（二）二级指标

1. 热爱祖国

国家是现代世界的基本存在形式，每一个人都属于某个特定的国家。一方面，国家为公民提供社会秩序和公共物品，一个组织完善、运转有效的国家是每一个个人能够追求幸福生活的基础。另一方面，每一个国家都是由个体组成的，国家的有效运行和发展离不开每一个个体的参与和努力。除了正式的法律制度约束之外，一个国家中的公民对公民义务、国家建设的参与程度离不开国家认同感，即爱国情感。因此，热爱祖国是每一个现代国家对其公民的要求。中国有着悠久的历史、博大精深的文化，中华人民共和国有着光荣的革命历史、伟大的民族复兴实践，因此培养中国学生热爱祖国的品质，其实是相对容易的。具体到经济和贸易学科，讲好中国经济的故事，就是最好的爱国主义教育。

2. 认同并践行中华民族伟大复兴的中国梦

习近平总书记提出的中华民族伟大复兴的中国梦，是近代以来凝聚中华民族最大共识的梦想与追求，是中国共产党的使命，也是每一个中华民族成员的理想。一个国家要有生命力,就必须有凝聚最大多数人共识的目标追求,对这一目标的理解和认同,也是一个公民的国家共同体意识的核心组成部分。中国梦是整个国家民族的梦想,也是每一个中国公民的梦想,它能够激发每一个中国人的民族和国家认同感,进而将这种认同转化为前进的动力。在思政教育中,培养对中国梦的理解和认同,是爱国主义教育的重要抓手。它可以将爱国主义教育与每一个学生的自发情感结合起来,既能够最有效地激发学生的爱国情怀,又能够自然地与个人的人生理想结合起来。

三、文化自信

(一)含义

文化是一个国家和民族最有价值的文明成果的历史积淀,它不仅表现为外在的物质文明、无形的社会制度,而且表现为内在的价值观念。对本民族、本国家的文化的自信,是爱国情怀、社会凝聚力的基石。因此习近平总书记说,文化自信是"四个自信"的基础。具体而言,文化自信包含了对中华优秀传统文化的自信、对中国共产党革命文化的自信,以及对中国特色社会主义文化的自信。现代中国社会的主流文化是这三种文化的结合体,不可偏废。在思政教育中,要注意这三种文化的完整传递和自然融合。具体到经济与贸易学科,可以从中国经济奇迹的成因入手,结合儒家文化传统、党的领导和中国特色社会主义制度,去解读经济发展背后的文化底蕴。

(二)二级指标

1. 了解并认同中华优秀传统文化

中华民族有着悠久的历史和辉煌的传统文化,中华文明是人类历史上的主要文明之一。在很长一段历史时期,中国都是世界上最大的经济体。近现代以来,随着西方世界的兴起和殖民主义的盛行,中国与广大发展中国家一样,经历了救亡图存和民族复兴的过程。在这个过程中,中国人一度对自己的传统文化产生了怀疑,失去了自信。这是一种错误的倾向,随着民族复兴进程的推进,必须予以纠正。放在更长远的历史视角去看,中华文化不仅是光辉璀璨的,而且对解决当今世界的一系列人类问题可以做出独特的贡献。习近平总书记提出的"人类命运共同体"思想,正是有着深厚的中国传统文化根基的思想。在经济与贸易的课程思政教育中,可以突出强调中国传统文化对经济发展的意义。

2. 了解并认同中国共产党的革命文化

中国共产党的初心和使命是为人民谋幸福、为民族谋复兴,在带领人民追求这一目标的过程中,中国共产党经历了伟大斗争,建立了伟大功绩,也积累了光辉璀璨的革命文化。这一革命文化的精神内核是近代以来中国人民不屈不挠、救亡图存、追求民族伟大复兴的动人精神;在外在的层面,党的革命历史也积累了一系列成功的经验,体现为党的思想路线、组织路线、政治路线等,这些都是党的革命文化的有机构成部分。同时,革命文化也体现在一系列英雄人物、革命故事等具象化的内容上。在思政教育过程中,要创造性地把这些内涵丰富的革命文化融入专业教学中。

3. 了解并认同中国特色社会主义文化

习近平总书记指出,中国特色社会主义文化源于中华民族五千多年文明历史所孕育的中华优秀传统文化,熔铸于党领导人民在革命、建设、改革中创造的革命文化和社会主义先进文化,植根于中国特色社会主义伟大实践。因此,中国特色社会主义文化有着丰富的内涵,在课程思政教学中,需要充分发挥创造性,结合专业内容,帮助学生了解并认同中国特色社会主义文化。具体到经济与贸易专业,可以结合党领导人民进行社会主义建设的伟大实践来讲解,包括经济制度、政治制度、意识形态理念与经济的关系等话题。

四、公民意识

(一) 含义

公民意识与臣民意识等相对,指一个国家的民众对社会和国家治理的参与意识。具备公民意识意味着把社会公共事务看作与自己有切身关系的事,并且能够从社会利益的角度去思考和参与公共事务。一个由具备公民意识的个体组成的社会,将能够更有效地处理社会公共事务,因此公民意识的培养是绝大多数现代国家关注的事。公民意识的内涵,包含诚实守信、遵守社会规范,具备完整的社会责任感,具备现代法治意识,以及对他人具备包容精神。在课程思政教学领域,公民意识的培养要融入教学全过程中,包括培养学生对课堂纪律的遵守,积极参与课堂讨论,对教学效果、教学规范的主动关注等。

(二) 二级指标

1. 诚实守信、遵守社会规范

公民意识主要涉及对一个现代公民所具备的权利和义务的自觉和认同。权利和义务是在人与人之间、人与社会之间通过合约关系和社会规范等建立起来的。在这些关系中,人与人之间交往的基础是诚实守信,而人与社会之间关系的基本要求是遵守社会规范。学生在学校期间,也处在一系列的社会关系中,涉及同学之间、师生之间、学生个体与学校之间等关系,在这些社会关系中,同样要强调和培养学生的诚实守信和对社会规范的自觉遵守。具体到课程思政环节,教师应重视课堂纪律、考试纪律的合理制定和严格执行,需要在课堂教学过程中以及在考试环节,不断强调诚实守信和遵守规则的重要性。

2. 具备完整的社会责任感

社会责任感意味着对社会公共事务的关心,并将公共事务的改进作为自己的责任。社会成员缺乏社会责任感,会导致公共事务的低效和混乱。比如在环境保护、疫情防控等领域,如果个体缺乏责任感,只能依靠外在的强制力来执行相关规则的话,就会导致巨大的社会成本。完整的社会责任感意味着对社会公共事务的多维度关心,同时可以从公共利益和客观理性的角度去分析和处理公共事务,而不会陷入偏狭和情绪化的观点之中。对于完整社会责任感的培养,是思政教育的重要环节。具体到经济与贸易学科,可以通过让学生理解社会责任感对经济系统有效运行的必要性入手,在理性认识的基础上,逐渐转化为内在认同。

3. 具备现代法治意识

法治意识意味着对基本法律规范的了解和自觉遵守,并且在必要的时候使用法律武器来保护合法权益。法律是一个社会的底线保障,它是在社会非正式规范的约束力不足的时候的一种救济。现代社会不同于传统社会的地方是熟人关系在个人生活中的重要性在下降,而陌生人之间的分工合作变得越来越重要,因此人际关系必须越来越多地依靠具备强制执行力的法律来约束。而法律的有效运行,需要社会成员对法律的了解和认同意识的提升,这是公民教育的重要组成部分,也是课程思政教育的重要环节。学生对教学和考试纪律的遵守与维护就是法律意识的初步体现;另外,从经济和贸易学科的角度,也可以加深学生对法律的重要性和必要性的理解。

4. 具备包容精神

公民意识还意味着尊重他人与自己的不同,尊重和包容文化与个人追求的多样性。现代社会与传统社会的一大差异就是文化和观念的多样性,尤其是在信息化、全球化和人口流动加速的当今时代,这种多样性以更具冲击力的方式呈现。如果缺乏包容精神,就很容易引发冲突或社会关系的割裂。因此,包容精神是每一个现代社会所提倡的。当然,包容精神不意味着提倡完全的价值多元化。每一个社会仍然会有自己的主流文化和价值观念,包容精神强调的是主流对支流的兼容并包。所以在课程思政教学中,既要突出主流文化和价值观念,也要提倡对与主流文化和价值不冲突的非主流文化和价值的了解和包容。在这个全球化的时代,包容精神也是与一个人的国际视野相关联的。

五、科学思维

(一)含义

科学思维是比日常思维更精炼的一种思维,它的准确性和客观性建立在严谨的逻辑推理以及可靠的经验数据基础上。正确的科学思维可以排除谬误,发现真知。现代科学技术的发展就建立在科学思维的基础上。发展科学思维还需要以探索、求真的意识为基础和动力。中国要成为社会主义现代化强国,就必须发展科学技术,建立科学合理的社会治理体系,这些都要求越来越多的公民具备基本的科学思维。因此培养科学思维应该作为课程思政教学体系的重要组成部分。具体而言,在讲解专业知识的过程中,不仅要让学生了解结论,而且需要向学生展示得到结论的逻辑过程,在此基础上,还要强调如何用实验数据或经验数据来验证理论所得出的结论。同时,在这个过程中,要不断强调和培养求真务实的精神。

(二)二级指标

1. 具备严谨的逻辑思维

严谨的逻辑思维可以确保我们得出的每一个结论都是建立在明

确的前提假设基础上的,只要前提假设是正确的,那么所得到的结论就必定是正确的。这种思维能力,一方面可以帮助我们厘清思路,避免错误;另一方面可以使我们在已有知识的基础上进行推理,发现新的知识。逻辑思维能力是科学思维的重要组成部分,它不仅在科学研究中是必需的,而且在日常生活和工作中发挥着重要作用。严谨的逻辑思维,也是中华传统文化中相对缺乏的,因此尤其有必要在专业学习的教学过程中加以强调。一定要避免死记硬背、强行灌输的教学方式,确保学生对学到的每一个知识点都是建立在理解的基础上的。此外,还要帮助学生在不同知识点,乃至不同课程之间建立起逻辑联系,使得学到的知识能够在一个完整的逻辑框架中形成一个相互联系的整体。

2. 具备基本的数据验证思维

逻辑推理和数据验证是科学思维的两大组成部分,相对而言,甚至可以说数据验证思维是科学思维的根本体现。无论是自然科学还是社会科学,都日益强调数据验证的重要性,唯一的区别是,自然科学更强调实验数据的验证,而社会科学一般难以做实验,只能基于观察所得的数据来验证理论。用数据验证理论,不仅涉及数据的收集、处理和使用,而且涉及将理论和数据联系起来的逻辑思维过程,因此是一个更完整的科学思维过程的体现。具体到经济与贸易学科,需要重点突出在社会科学中使用数据验证理论的重点和难点,让学生理解社会科学的调查或观察数据与实验数据的本质区别,在此基础上进一步掌握基于统计学、计量经济学所发展出来的工具,以基于观察数据得到接近于实验数据的发现。

3. 具备探索和求真的意识

探索和求真的意识是科学思维形成和发展的基础,缺乏这种精神,科学思维可能难以真正发展起来,或者在碰到利益冲突时,可能难以坚持科学思维。探索求真的精神比起科学思维来,可能是更难以培养的。它不仅需要教师的言传,而且需要现身说法式的身教。教师本人必须先具备这种品质,才能在教学互动过程中将这种品质传递给学生。这是一个耳濡目染、潜移默化的过程。探索求真的精神也是马克思主义、毛泽东思想、习近平新时代中国特色社会主义思想等背后的精神内核,是中国特色社会主义提出和发展的方法论基础,因此,也应该作为课程思政教学体系的关键组成部分。

六、国际视野

(一)含义

中国当前面临的国际局势正处在百年未有之大变局中,中美和东西方力量的对比正在发生历史性的转变,以美国为首的部分西方势力对中国的态度也正在转向全面遏制。面对如此错综复杂的国际局势,中国要实现民族复兴的伟大中国梦,就必须有全盘考虑的应对战略。对于新时代的大学生而言,了解当前国际政治与经济的基本格局,认识中国在其中的位置和发展趋势,并在一定程度上掌握、分析和理解国际政治与经济问题的思维框架,已经成为一个必然要求。尤其是对于经济与贸易类大学生而言,这方面的知识和素质更应该成为重点培养的方向。这对于理解和配合中央提出的战略政策、选择自己的人生发展方向,都是非常重要的。在教学过程中,要注意经济分析和政治分析,以及国内视角和国际视野的结合。

(二)二级指标

1. 了解国际政治与经济的基本格局

国际视野的培养首先要对当前国际政治与经济的格局有基本了

解,这方面的内容实际是以往教学过程中比较欠缺的,需要通过课程思政体系的建设来加以改变。对于经济与贸易学科而言,培养学生对国际经贸格局的认识应该是比较容易的,相对而言比较困难因此也是需要重点关注的是对国际政治格局的认识。在这方面,首先是教师本人要注意积累和吸收这方面的知识,同时在教学过程中自然地将经济与政治问题结合起来分析。在课程设置方面,可以增加与国际政治有关的课程。在中美竞争和博弈长期化的前景下,不仅要对中美关系有更深入的认识,而且对中美之外的其他国家的处境和态度,以及它们相互之间的格局关系,要有基本的认识。

2. 理解中国在国际格局中的方位

了解国际格局的最终落脚点,是理解中国在国际格局中的位置和发展方向,进而更好地理解中国当前的发展战略和政策。中国在国际格局中的崛起,是过去几十年乃至一百多年中发生的国际格局的最大变化。我们有必要充分理解中国崛起的前因后果,其他国家对此的反应,以及中国的应对。当前国际格局的最大变化,是大国关系的不确定性,这对一系列经济政治格局都有深远的影响。中国正是在这一背景下提出建立国内国际双循环的发展格局。在新形势下,必须重新统筹发展和安全的关系,在保障安全的基础上稳步推进中国的发展。在经济与贸易学科教学中,要结合专业知识,帮助学生理解中国所处的国际格局的特征和中国的应对之道。

3. 掌握分析国际政治与经济问题的思维框架

除了了解国际格局和中国的方位之外,学生们还有必要具备一定的自主分析国际政治和经济问题的思维框架。这是对经济与贸易类专业学生提出的较高要求。其中对国际经济问题的分析框架,现有的专业教学体系基本上是涵盖的,因此教师需要着重加强的是与国际政治有关的思维框架。在这方面,教师自身首先需要加强学习,然后将相关知识点和思维方式融入相关课程的教学中。

七、专业精神

(一)含义

专业精神是知识学习领域的"工匠精神",它包含对专业知识的掌握,对卓越的追求,以及与实践的结合。在现代社会,每个人在社会中都有自己的专业角色,社会有效运行的基础是每一个人承担好自己的分工角色。这就要求每个人具备专业精神。在当前构建新发展格局的背景下,实现科技自立自强,在产业链的关键环节和核心领域实现自主可控,都要求相关领域的专业工作者具有拼搏奋斗、追求卓越的专业精神。对大学生来说,专业精神主要体现在学习过程中的精益求精,同时能够注重理论联系实际。对经济与贸易类专业的学生而言,对经济与贸易知识的精通、对国际经贸问题的分析能力,是自身专业精神的体现。

(二)二级指标

1. 追求专业的精通与卓越

专业知识的精通掌握和熟练运用,是一个需要漫长学习和训练的过程。在这个过程中如果没有追求精通和卓越的精神,就很容易半途而废,成为一个不求甚解的平庸之才。所以要培养具备专业素质和专业精神的人才,首先需要培养具备追求卓越的精神和动机的人。这方面精神的培养,与培养专业知识的很大不同是,它更加需要教师本人的身体力行来达到感染学生的效果。教师需要在教学过程中体现对专业的追求,对真相的探索。

2. 精通经济与贸易的专业知识

对于经济与贸易类专业的学生而言,精通本专业的专业知识是基本要求。离开了这一基础,思政教育就成了无源之水、无根之木。一个人首先要完成好社会分工中的本职工作,然后才进一步被要求履行好其他角色。需要强调的是,在经济与贸易领域,除了对经济相关知识的掌握之外,还应该了解政治与经济的深刻联系,对政治经济学相关内容也有一定的理解和掌握。

3. 能够用专业知识分析现实国际经贸问题

理论与实践相结合,是专业精神的基本要求。离开了实践能力,专业知识就无法发挥其实用价值。对于经济与贸易类专业的学生而言,对专业知识的实践就是对现实经贸问题的分析,并且能站在各种利益主体的角度,基于分析得出行动方案和政策建议。这方面能力的培养,要求教师在教学过程中注重运用现实问题作为案例,讲解相关专业知识,培养学生理论联系实际的能力。

第三章　经济与贸易类专业课程思政教学的理念、原则与策略

经济与贸易类专业课程思政教学要遵循习近平总书记提出的思政课程的"八个统一"。"八个统一"高度归纳总结了思政课程教学的基本理念、方法论原则和教学策略,以下结合经济与贸易类专业课程特点,分别对这"八个统一"的理解和应用展开论述。

一、经济与贸易类专业课程思政教学的基本理念

(一)坚持政治性和学理性相统一

1. 政治性

政治性是思政教学的第一性原则,是所有其他教学原则和内容所不能偏离和突破的根本遵循。政治性的基本内涵包括坚持中国共产党的领导、坚持中国特色社会主义道路,也包括在涉及原则性和根本性问题上与党中央的路线方针政策保持一致。在经济与贸易类专业课程教学中,凡是涉及经济运行的政治制度基础、涉及中国经济发展的全局性方向性问题时,必须与中国当前的根本政治制度导向相一致。此外,在各类课程教学过程中,也要主动联系经济问题与中国当下根本政治制度,引导学生理解中国经济奇迹背后的政治基础,理解

没有中国共产党的领导和中国特色社会主义道路,就没有中国当下的经济繁荣和未来的持续发展。在探讨国际经济问题时,也要突出强调政治问题与经济问题的不可分割性,帮助学生理解当前国际局势百年未有之大变局与中华民族伟大复兴的中国梦之间的辩证关系,了解国际经济问题背后涉及的政治根源。

2. 学理性

学理性指的是对思政理论的论证体现充分的学理基础,在扎实的学理基础上让学生理解相关理论的正确性。同时,教学内容必须不脱离专业学理的导向,要体现相关课程内容的专业性和前沿性。课程思政教学的内容必须结合本学科的专业性质和核心问题去展开,不能空洞和脱离具体问题。例如在分析中国经济奇迹背后的根源时,必须结合相关学科的前沿研究,讲清楚背后的经济逻辑和实证研究的证据支持,让学生能够从社会科学研究的角度理解问题背后的逻辑。同时要从科学研究的角度,比较不同解释的优缺点。在涉及国际经济问题时,必须结合国际经济学领域的相关专业知识,分析国际经济新格局产生的原因和变化的趋势,让学生能够充分地从学理的角度理解当下的现实,以及中国政府提出的一些战略性政策导向。总之,对经济问题的分析必须体现专业性、科学性和前沿性。

3. 政治性与学理性的统一

政治性和学理性不是相互脱离的,更不是相互冲突的,而是相互补充、相辅相成的。中国的根本政治制度对中国经济发展和繁荣的根本保障作用,是符合实际情况的一个事实,完全可以从学理的角度加以充分论证。同时,离开了对政治制度基础的理解,对经济问题和原理的理解就会不够深入,因此在经济和贸易类课程教学中,融入政治性,实际上也会提高相关课程内容的深度。无论是理解一般性的经济运行规律,还是理解具体的中国经济奇迹背后的逻辑,以及认识当前国际经济新格局和新趋势,都离不开学理性和政治性的结合。中国共产党的领导地位和中国特色社会主义的伟大实践本身是经过历史实践检验,又有深厚学理基础的。因此在思政教学中,强调政治性和学理性的统一,不仅必要,而且完全可行,并且可以提升专业教学的深度和内涵。

(二)坚持价值性和知识性相统一

1. 价值性

价值性指的是教学过程中要体现对学生价值观的塑造,并且这种价值观的塑造是有方向性的,要符合本书第二章中所提炼的思政教学指标体系中的价值导向。教育的价值性是古往今来每一个社会的共同要求,而价值性的具体内涵则在每个时代和每个社会都有不同。价值性既体现在政治认同的培养上,也体现在爱国情操、文化自信、公民意识的培养上。只有将学生培养为符合社会价值导向的公民,才能确保学生的专业知识和能力应用于正确的方向,贡献于社会的整体目标。在经济和贸易类学科课程中,价值教育可以更方便地体现在对人与社会、经济与政治、国家与世界的关系的理解过程中。经济系统是人与人分工合作的系统,这个系统的有效运转要求每个人都能主动维护相关的社会规则,经济的有效运行离不开有效的政治制度的保障,中国的崛起也离不开人类命运共同体的发展。这些都是经济与贸易类学科思政教学中体现价值性导向的切入点。

2. 知识性

知识性是教育的另外一个核心组成部分,是教育要完成的基础功能。学生学习的基本目标是掌握人类当前积累的各方面知识的核心部分,并且在这个过程中形成独立思考和持续学习的能力。离开了知识性,教育就是空洞的,教学就变成了说教,也无法将学生培养为社会各个岗位所需要的人才。经济与贸易类学科教学的基本目的,是让学生掌握经济和社会系统运行的规律,尤其是市场经济在优化资源配置过程中的决定性作用,以及政府在其中的重要作用。在全球化的时代,每个国家都是与世界相联通的开放经济体,国际经济与贸易学科研究的就是开放经济带来的收益和挑战,以及最优的政策应对。所有这些专业知识,必须与价值导向的教育共同体现在教学全过程中。

3. 价值性和知识性的统一

价值导向和知识教育是互为补充、相辅相成的过程。没有价值导向的知识教育是盲目的,没有知识教育的价值导向是跛足的。价值理念本身也需要与现代社会的知识发现相一致,需要持有这些理念的人本身有独立思考能力,否则价值理念也难以真正落实于人的行动,实现知行合一的教育目标。同时,价值导向可以激发学生的内在动力,提升知识学习的效果。处在新时代和世界百年未有之大变局的时代,当下的中国大学生,更加应该对所处的时代与社会有整体的认知,对自身的学习目的和人生使命有更明确的自觉,主动投身于民族复兴和时代发展的潮流中。这既需要学生掌握人类最前沿的专业知识,也需要学生形成正确的价值导向,找到个人生命在大时代中的定位和方向。

(三) 坚持建设性和批判性相统一

1. 建设性

思政教学过程中的建设性至少包含两方面的含义:首先,建设性是指教学的过程中使学生在头脑中建立起正确的价值导向;其次,建设性是指价值导向的建立,要有助于学生的学习成效和人生发展。第一个方面的建设性是课程思政教学的基本要求,第二个方面的建设性则是对思政教学提出的更高要求。离开第一个方面,思政教学是无效

第三章　经济与贸易类专业课程思政教学的理念、原则与策略

的;离开第二个方面,思政教学则是低效的。在经济与贸易类学科中,思政教学的这两方面建设性,可以通过将政治性和价值性导向的内容,与专业性和知识性导向的内容深度融合来达到。通过专业性和知识性的论证,在学生头脑中建立起正确的政治性和价值性导向,而后者又反过来促进学生对专业性和知识性内容的理解,并提升学习的兴趣和动力。

2. 批判性

课程思政教学中的批判性也可以包含两方面的含义:首先是对错误政治和价值导向的批判,其次是对正确的导向要基于批判性思考而加以理解和吸收。对错误导向的批判,是澄清和巩固正确导向的必要基础,尤其是在当今信息化的时代,各种思潮和信息都在呈现和传播,如果没有批判错误思想的能力,也就无法坚持正确的思想。此外,对于正确的思想,如果没有批判性思考的能力和过程,也就无法真正地理解和掌握。思政教学中所强调的政治和价值理念,是基于理论和实践检验形成的,它们也完全经得起批判性思考的检验。在经济与贸易类学科中,因为涉及西方各类经济和社会思想的内容,所以对错误思想的批判和对正确理念的批判性思考都是必要的。

3. 建设性与批判性相统一

课程思政教学中的建设性和批判性必须实现辩证的统一。建设性是基础和导向,批判性则是根基和巩固。离开了建设性的批判会导致价值虚无主义,离开了批判性的建设则可能导致盲从和误解。对错误理念的批评和批判性思考能力,是建立和坚持正确理念的基础,能够去伪才能够存真。在经济与贸易类学科教学中,因为涉及社会发展的理论和思想,其背后往往隐含着相关的政治和价值理念,所以教师在教学过程中必须能够引导学生理解这些理念,同时能够在批判性思

考的基础上,让学生分辨正确和错误的理念。例如,西方一些经济学家认为市场经济只有与所谓宪政民主的政治制度相结合才能有效发挥作用,在这样的问题上,教师就可以基于理论和实证去加以批评,让学生认识到中国的政治制度无论在理论上还是在实践中,都是最符合中国经济发展需要的制度。在这个过程中,就涉及建设性和批判性的统一。

(四)坚持理论性和实践性相统一

1. 理论性

课程思政教学的理论性,体现在相关思政内容需要有理论深度和高度,需要有系统性和完整性,而不能碎片化和肤浅化。理论性是有依据的理论性,而不是教师自我发挥的理论性,要与马克思主义基本原理相一致,与习近平新时代中国特色社会主义思想相一致。这就要求经济与贸易类课程教师,不仅要具备专业素养,而且需要加强政治理论的学习,提高政治站位,锻炼全局意识,能够在理论高度将思政理念融入专业教学的全过程中。例如,构建新发展格局是党中央提出来的未来一段时间的重要经济战略,也是和经济与贸易专业密切相关的时政内容。教师必须对新发展格局的内涵、提出的背景和逻辑有深入的认识,这就要求教师本人对相关文件的内容和权威解读有深入的学习。

2. 实践性

理论来源于实践,也必须应用于实践,因此课程思政教学必须体现实践性。实践性意味着教师要让学生理解相关思政理论是如何从实践中产生的,尤其要结合经济与贸易类学科特点,与人类的经济活动实践相结合;也要突出相关的思政价值理念对于学生当下和未来实践的指导意义。例如,学生只有深刻理解了自己所处的新时代的根本特征和发展趋势,才能够更好地找到自己人生和职业发展的方向。对于经济与贸易类专业学生而言,对新发展阶段和新发展格局的认识,既是知识学习阶段所必需的,也是未来职业发展阶段所需要的。

3. 理论性与实践性相统一

理论和实践在内在逻辑上就是不可分割的,因此在课程思政教学中也绝不能割裂理论和实践。中国共产党的领导和中国特色社会主义道路,既有其深厚的理论基础,更是基于中国革命和建设的伟大实践而形成的。经济与贸易类课程既要结合中国改革和开放的实践,让学生理解中国特色社会主义理论的正确性和重要性,也要借助思政和本学科理论体系,帮助学生理解中国经济发展的实践,并指导学生个人人生的实践。

二、经济与贸易类专业课程思政教学的方法论原则

(一)坚持统一性和多样性相统一

1. 统一性

课程思政教学的统一性,意味着思政教学的基本理念和基本导向必须是统一的。不仅在一门课程的不同阶段要有统一性、在不同课程之间要有统一性,而且是统一到中国的基本政治认同和价值观念上来。具体而言,就是要以本书第二章所归纳的课程思政指标体系为依归。统一性不是一种僵化的要求,而是思政教学所奉行的基本理念的内在要求。近代以来中华民族的奋斗史、中国共产党的革命史、中国特色社会主义的建设史,其内在的逻辑都是一以贯之,具有内在的统一性。民族复兴的中国梦是实践斗争的主线,马克思主义中国化是理论指导的主线。因此,无论在实践中还是在理论上,课程思政教学所要传递给学生的内涵,都是具有内在的统一性的。对这种统一性的理

解和掌握本身就是完整的思政教育所要求的。

2. 多样性

课程思政教学的多样性指的是教学内容和教学方法具有多样性。不同的课程有不同的专业内容和特色，与思政理论体系有不同的结合点，不同的教师也有不同的教学方法和特色，这些维度上的多样性不仅不是实现思政教学效果的障碍，反而可以起到促进作用。通过与课程内容的多样性的结合，学生可以了解到思政理念与经济和社会现实的不同方面的联系，有助于更深刻地理解这些理念。通过与不同教学方法的结合，可以让学生不感觉到枯燥和重复，有利于学生的学习兴趣和热情的保持。在经济与贸易类专业中，这种多样性可以很自然地体现在对经济系统各部门的运行规律的理解中、体现在不同时期经济格局与趋势的演变中，也体现在更偏技术性导向和更偏实践性导向的不同教师的风格中。

3. 统一性和多样性相统一

理念和导向的统一性与内容和方法的多样性是很自然地相辅相成的。离开了统一性的多样性，会迷失方向和误入歧途，而离开了多样性的统一性也会走向僵化和疏离。多样性必须以统一性为依归，统一性也需要以多样性为载体。在经济与贸易学科中，本身经济系统的运行规律也具有统一性和多样性，各门经济学科之间也是统一与多样的辩证统一关系，这一特点非常适合课程思政教学的统一性与多样性的结合。中国特色社会主义道路和模式、中国共产党的领导，是中国经济奇迹背后的根本原因，也是中国模式对经济发展理论的最大贡献。这一根本点，是在经济与贸易学科中贯彻思政教学统一性的扎实基础。只要紧紧围绕这一基本点，再结合课程和教师特点呈现多样性，就不难实现统一性与多样性的结合。

（二）坚持主导性和主体性相统一

1. 主导性

主导性意味着在课程思政教学中要体现教师的主导性，也要体现思政理论体系的主导性。当今世界是全球化和信息化的时代，各种思潮和理念都在传播和流行，既带来了健康的多样性和多元化，也可能导致方向的迷失和主旋律的模糊。课程思政教学必须体现主流政治理念和价值观念的主导性，而教师正是体现这一主导性的载体。教师本人必须对思政理念有充分的理解和掌握，同时在课程教学中能够承担起主导性的责任。既要给学生发表意见的空间，也要明确主流思想理念的贯彻领会。教师的主导性，是确保思政教学不偏离轨道的基本保障。经济与贸易类学科是最容易与思政理论相结合的学科之一，教师更加需要通过自己的主导性来确保思政理念在学生头脑中的建立和发展。

2. 主体性

学生是课程思政教学的对象和主体，学生的主体性体现在学生是学习的主体和最终成效的载体。离开了学生的主体性，课程思政就失去了意义。要体现学生的主体性，就要求课程思政教学必须能够吸引学生的兴趣和学习热情，必须能够有效地使学生入脑入心。教师必须意识到学生是思政教学的目的，也是检验思政教学效果的最终标准。因此，在教学过程中，教师必须根据学生的需要制订教学的方案和技巧。经济与贸易类专业的学生，其特点是关注经济现实，未来的职业发展也与经济金融等部门有关，因此课程思政教学也要紧密联系经济实践，并能够帮助学生理解经济发展的现状与未来趋势。在这个过程中自然融入中国特色社会主义的伟大实践和理论的教学。

3. 主导性和主体性相统一

教师的主导性和学生的主体性，必须在课程思政教学的过程中实现有效的统一。教师的主导性，确保了思政教学的方向不跑偏；学生的主体性，确保了思政教学的效果能落地。教师的主导性要注意不能牺牲学生的主体性，这要求教师在思政教学过程中注重学生的参与性，根据学生的反馈来灵活调整教学的手段和技巧。同时，教师要注意，在充分发挥学生的能动性和积极性的基础上，适时引导，确保思政教学理念的贯彻和主导。

三、经济与贸易类专业课程思政教学的策略

（一）坚持灌输性和启发性相统一

1. 灌输性

课程思政教学中的灌输性，是为了保证核心思政理念的原汁原味和不打折扣，是思政教学的严肃性和根本重要性的要求。思政教学具有价值引导性，与科学研究和技术研发有所不同，它有自己的规定性和一定程度的强制性。在不同的价值观念和政治理念之间，不可能完全依靠理论证明和实证研究来加以排序。在基础性的价值观念和根本性的政治理念上，即使暂时还不能充分理解，也要求学生能够吸收和认同，这就涉及一定程度的灌输性。当然，思政教学所涉及的理念和理论，在根本上是源于马克思主义的理论和中国特色的实践，是经得起理性和经验的检验的。但是并不是所有的学生都能够在这个人生阶段完整地理解这些理念，因此一定程度的灌输性是为了学生将来能够更好地理解和掌握。

2. 启发性

课程思政教学中的启发性，指的是教师要能够结合学生的知识结

构和理解能力,深入浅出地表达相关理念,使学生能够在获得启发的同时,自然将所学内容融入自身原有的思维结构中。启发式教学的本质,是在高深的内容与学生已有的意识内容之间找到自然的衔接点,这样学生就可以在不太费力的情况下,掌握和理解新的知识内容,拓展原有的知识边界。而实现启发式教学的有效手段,就是理论与实践相结合,善于运用与学生的生活和人生阅历相适应的案例,从学生自发关注的问题和现象出发,逐步引出所要传递的理念。例如,可以通过学生关注的中美贸易摩擦问题入手,引出当前国际格局的百年未有之大变局,进而引出带来大变局的中国因素和中国经济的崛起,再落脚到中国特色社会主义对中国崛起的根本作用。

3. 灌输性和启发性相统一

课程思政教学中必须坚持灌输性和启发性的统一。灌输性是思政教学不走样和不打折的保障,启发性是实现教学效果最大化的要求。这两者的相统一对教师的教学能力和技巧提出了较高的要求。首先,教师必须充分理解思政教学的基本理念和相关理论。其次,教师必须充分认识到思政教学的根本重要性,能够知难而进。最后,教师需要了解学生需求,善用教学技巧,结合现实案例来深入浅出地传递思政理念。教师既不能因为学生可能产生的抵触情绪而放弃思政教学的目标要求,也不能为了完成思政教学任务而不顾学生的接受情况。

(二) 坚持显性教育和隐性教育相统一

1. 显性教育

课程思政教学中的显性教育,指的是直接涉及思想政治相关内容的教学。显性教育是思政教学的基础,有助于在学生心目中建立起基本的价值观念和理念原则,可以确保思政教学的基本导向不发生偏离。在经济与贸易类专业课程中,显性教育意味着教师需要明确归纳总结出相关课程内容中的思政元素,并且在课堂教学和课程材料中有明确的体现。例如,在涉及市场经济的制度基础的教学内容时,要明确指出西方式的所谓宪政民主并不是市场经济的必要制度基础,中国特色社会主义制度更能够充分发挥市场和政府两种机制的优势,应该对中国自己走的道路和采取的制度有充分的自信。总之,显性教育意味着教学内容不仅要包含思政元素,而且需要把这些元素明确地呈现给学生,使学生在专业学习过程中能够逐步建立起正确的思想政治理念。

2. 隐性教育

隐性教育指的是在教学过程中对学生给予潜移默化的引导,帮助巩固和强化他们的思政价值理念。隐性教育的特点是润物细无声,不容易引起学生的抵触情绪,也不会过度挤占专业教学的内容。此外,隐性教育可以结合更多的现实中的案例,可以起到深入浅出、强化理解的作用。隐性教育的一种形式是,教师以身作则,在教学过程中体现自己的专业精神、科学素养和家国情怀。隐性教育的另外一种形式是把价值导向融入对事实的呈现和分析中。例如,通过客观分析中国经济奇迹背后的原因,可以很自然地引导学生建立起"四个自信"。

3. 显性教育和隐性教育的统一

显性教育和隐性教育是相辅相成、互相促进的。显性教育是基础,隐性教育是提升;显性教育是导向,隐性教育是重要路径。只有显性教育,不利于学生的理解吸收,也容易挤占专业教学的时间和空间;而只有隐性教育,就会缺乏系统性和完整性,导致学生理解的碎片化和异质化。显性教育对教师的要求是有理论高度,需要主动提炼总结课程中的思政元素。隐性教育对教师的要求是融会贯通,善用教学技巧。总之,显性教育和隐性教育相结合对教师的专业素养、理论高度和教学技巧都提出了更高的要求。

第四章　国际经济学Ⅰ课程思政教学指南

一、国际经济学课程简介

随着全球化趋势的深入发展,我国在世界经济和贸易中的参与度与重要性不断提升。党的十九届五中全会强调,要"实行高水平对外开放",在更大范围、更宽领域、更深层次推进对外开放。国际经济学课程作为一门极具国际化特色的课程,更应将思政教育与专业知识教育相结合,担负起引导学生树立科学开放观的使命,贯彻落实习近平总书记在全国高校思想政治工作会议中所强调的思政教育理念,坚持把立德树人作为教育的中心环节,把思想政治工作贯穿教育教学全过程,实现全程育人、全方位育人。

(一)课程主要内容

国际经济学是面向国际经济与贸易专业大二本科生开设的专业学位必修课,课程涵盖了国际生产和贸易的理论与实践。课程系统讲授古典贸易理论、新古典贸易理论、新贸易理论、国际贸易政策及其措施、区域经济一体化、国际贸易冲突等内容。团队教师在课程教学中充分结合当前世界经济贸易的总体形势,积极融入最新的国际贸易模式案例,与时俱进,探索"课程思政"的创新形式。

（二）教学目标

首先，通过国际经济学课程的教学，帮助学生理解和掌握经典的国际贸易理论，并能够学习致用，利用这些理论诠释国家间贸易模式的决定因素、国际贸易对一国收入分配的影响；其次，帮助学生了解国际贸易政策的演变、不同贸易政策的基本观点及具体的实施措施；最后，在掌握上述专业知识的基础上，带领学生了解中国的贸易模式及其发展演变过程，分析中国融入世界市场对全球福利的影响。

（三）教学资料

Krugman, P. R., Obstfeld, M.. International Economics: Theory and Policy[M]. Boston: Pearson Addison-Wesley, 2018.

（四）课程特色

国际经济学课程是我校国际经济与贸易专业的核心课程之一，在国际经济与贸易专业的课程中具有重要地位。改革开放以来，尤其是加入世界贸易组织（WTO）以来，对外贸易已经成为我国经济社会发展中的重要组成部分。在经济全球化日益深入的背景下，帮助学生掌握国际贸易的基础理论和政策，了解国际贸易政策的制定和执行，具备基本的贸易政策和贸易现象的评判能力，显得尤为重要。而国际经济学作为一门以"贸易"和"开放"为主题的课程，其目的就在于帮助学生培养这些必备的能力。

二、国际经济学课程思政教学目标

国际经济学课程中蕴含着丰富的课程思政元素，本书将国际经济学课程的思政元素归纳总结为七个思政维度，并在每个维度下列出主要的二级指标，具体的思政指标体系及各个维度的诠释如表2.1所示。

第四章　国际经济学Ⅰ课程思政教学指南

（一）政治认同

政治认同就是要拥护中国共产党的领导，理解并认同中国特色社会主义道路。中国共产党的领导和执政地位是历史和人民的选择，是中国特色社会主义本质的特征。近代以来，中国共产党带领中国人民披荆斩棘、百折不挠，在长期实践中逐步开辟了中国特色社会主义道路，带领中华民族实现独立、富强和民主。

改革开放四十余年来，我国经济从半封闭状态转变成深度融入世界经济的全球第一货物贸易大国和主要的引进外资大国及对外投资大国，我国经济实力、综合国力进入世界前列，我国国际地位实现前所未有的提升。国际经济学作为一门以"贸易"和"开放"为主题的课程，更应该结合我国改革开放以来所取得的成就，帮助学生增强对中国特色社会主义的道路自信和制度自信。

（二）爱国情操

中国自古以来倡导"家国情怀"，国家的统一和强盛是实现个人价值和家庭幸福的基石。热爱祖国，是一个人的立德之源、立功之本。在当代中国，爱国主义与爱社会主义、爱中国共产党，具有深刻的内在一致性。

伴随着经济全球化的不断深入，世界各国从经济、文化等方面相互碰撞、相互影响。国际经济学作为一门讲授国际贸易理论、国际贸易政策及国际贸易实践的课程，在课程教学中，应该更多地结合我国改革开放尤其是加入WTO以来经济贸易的发展历程，帮助学生树立正确的开放观和国家利益观，把握国家和时代给予青年一代的机遇，将个人理想与社会价值的追求融入中华民族伟大复兴的滔滔洪流中，为实现中华民族伟大复兴的中国梦而奋斗。

（三）文化自信

文化自信是一个民族、一个国家以及一个政党对自身文化价值的充分肯定和积极践行。我们的文化自信源于优秀传统文化的底蕴,源于我国在革命、建设、改革的伟大实践中孕育的革命文化和社会主义先进文化。

随着全球化进程日益深入,世界各国不仅在生产和贸易方面联系愈加紧密,而且在文化方面的交流和碰撞日益频繁。新时期,国际经济学课程应该赋予传统文化新的内涵,引导学生认同并热爱习近平新时代中国特色社会主义文化,在对外贸易实践中,不断增强学生对新时期中国特色社会主义文化的情感认同和民族自信。

(四)公民意识

公民意识是民众在民主政治时代必须具备的一种社会意识,主要包括公民的主体意识、权利意识和社会责任意识三个层面,它不仅是一个国家软实力的重要组成部分,而且是培养现代公民的基本纲领和基本方式。

在全球化日益深入的今天,"碎片化"的生产方式不仅使各个国家在经济上的联系愈加紧密,而且在文化和意识形态上相互碰撞。国际经济学作为一门极具国际化特色的课程,更应该引导学生在国际贸易活动中牢记民族精神,恪守"爱国守法、明礼诚信、团结友善、勤俭自强、敬业奉献"的公民基本道德规范。

(五)科学思维

科学思维是对各种科学的思维方法的有机整合,它是人类实践活动的产物、是人类文明进程中结出的智慧果实,也是马克思主义的精髓。科学思维以求实和创新为核心诉求,是现实可能性和主观能动性的结合。坚持科学思维就是要求我们在马克思主义科学世界观和方法论的指导下,用辩证唯物主义和历史唯物主义的基本观点,不断提高辩证思维能力,认清世界和社会发展的规律性和阶段性特征。

改革开放四十余年来,党和国家始终坚持实事求是、与时俱进、勇于创新的科学精神,创造性地攻克了经济社会发展面临的重大矛盾和问题。我国加入 WTO 以来,不断降低关税、开放市场,国内经济取得了重大进步,同时在国际市场上扮演着越来越重要的角色,证明了改革开放是促进我国经济发展的正确道路。在当前经济新常态背景下,应该帮助学生提高辩证思维能力,既要肯定我国对外贸易取得的成就,也要深刻地认识我国对外贸易面临的主要矛盾,在学习和贸易实践中勇于创新,为新时期我国经济发展贡献自己的力量。

(六)国际视野

全球化使各国、各地区的经济相互依存、相互影响,随着我国改革开放进程的不断推进,我国与世界各国尤其是主要贸易伙伴在文化、经济、政治等方面的联系更加紧密。作为日益崛起的发展中国家,我国在国际政治格局中的地位日趋上升,成为国际政治格局多极化发展中的重要一环。

在马克思主义哲学中,一切皆是运动、变化和发展的,因此,国际经济学课程应该培养学生具备开阔的全球视野,站在中国特色社会主义建设的立场上,结合不同国家、不同国际组织之间经济、贸易政策的差异,在国际纵横比较中看待与理解中国问题,推动我国对外贸易实现高质量发展。

(七)专业精神

专业精神意味着对自己所从事的工作有着精深的学习和孜孜不倦的研究。我国自古以来各行各业都有追求专业、精益求精的优良传统。国际经济学作为与当前经济全球化紧密结合的一门课程,通过讲授经典的贸易理论、国际贸易政策等知识,使学生能够掌握和精通国际经济与贸易的专业知识,并能够学以致用,运用经济与贸易的专业知识剖析当前的国际经贸问题,分析我国如何在瞬息万变的经济贸易环境中把握发展机遇。

三、国际经济学课程各章节思政教学指南

（一）绪论

1. 专业教学目标

本章是国际经济学课程的开篇,在整门课程的教学中具有提纲挈领的功能。本章主要介绍国际经济学的基本概念、贸易利得、贸易模式及政府政策如何影响国际贸易。通过本章的学习,学生能够对国际经济学涉及的基础概念和理论有初步的认识,为随后具体讲解各个章节的理论和政策奠定基础。具体教学目标如下：

（1）掌握国际经济学所涉及的主要内容,理解其与国际金融的区别；

（2）理解贸易利得的基本含义及其来源；

（3）理解贸易模式的决定因素；

（4）了解基本的贸易政策及其对贸易的影响。

2. 重要思政元素分析与相关知识板块

本章作为国际经济学课程的绪论,涵盖了国际经济学相关的基本概念及其内涵,是对其后各章节所讲授内容的简要概述。主要的思政元素和相关的知识板块包括：

（1）政治认同

本章在贸易模式小节中,分别从中国进出口所涉及的主要行业分布、国家分布来介绍改革开放以来我国对外贸易的发展历程和所取得

的成就。改革开放四十余年来,我国逐步从一个封闭落后的农业国发展成世界第二大经济体和全球重要的货物贸易大国,创造了中国对外贸易的"奇迹"。这充分体现了政治制度和国家发展战略对一国经济发展的重要性。

(2) 国际视野

本章在国际经济学的概念和内容小节中,结合数据和图表,以中国、美国、加拿大、墨西哥等为例,分析进出口贸易在一国国家收入中所占的比重及其变化趋势,帮助学生深刻认识国际贸易对一国经济发展的重要性,引导学生拓宽全球视野。

(3) 专业精神

本章在政府政策对贸易的影响小节中,简要分析了在国际贸易中常用的贸易政策以及具体的措施。本小节还为学生留下两道思考题:不同贸易政策的成本和收益是什么?如果双方都采取相应的措施会产生什么后果?鼓励学生在掌握专业知识的基础上能够学以致用,利用国际经济与贸易的专业知识分析现实的国际经贸问题。

3. 思政教学案例

为了将思政教育更好地融入专业课程,本章结合具体的案例,在教学内容中融入相关的思政元素。以下列举两个案例:

案例一:政治认同感教育

通过纵向比较改革开放前、改革开放至加入 WTO 前、加入 WTO 后三个阶段我国经济总量、基础设施建设、居民生活水平的变化,帮助学生深刻认识改革开放政策给我国经济带来的翻天覆地的变化,增强对中国特色社会主义的道路自信和制度自信。

案例二：专业精神教育

以 2018 年 7 月 1 日习近平主席宣布降低汽车关税的影响为例，鼓励学生利用课堂上所学的专业知识分析我国主动降低进口关税如何影响我国以及其他国家的贸易条件和贸易利得。

（二）世界贸易概述

1. 专业教学目标

本章是国际经济学课程的第二章，仍然属于国际经济与贸易的通用知识模块，主要涵盖以下四个具体的教学目标：

（1）了解中国和美国各自主要的贸易伙伴及其之间的贸易流量；

（2）掌握并利用引力模型分析国家之间贸易流量；

（3）掌握贸易的主要构成及各部分占比的变化；

（4）了解服务外包的概念和具体形式。

2. 重要思政元素分析与相关知识板块

本章主要从总量层面介绍影响两国贸易流量的因素、国际贸易的主要构成等基础知识，主要的思政元素和相关的知识板块包括：

（1）科学思维

本章首先以中美两国为例，讲述各自最主要的贸易伙伴，引导学生思考影响两国之间贸易流量的主要因素，随后利用引力模型系统地介绍国家规模、地理距离、文化联结等如何决定两国之间的贸易流量，并鼓励学生积极利用专业知识分析和预测不同国家之间的贸易流量，帮助学生培养科学思维。

（2）唯物辩证法的发展观

本章第三小节介绍了国际贸易的主要构成及各部分占比的变化，并利用图表和数据，清晰地说明了随着贸易的发展，工业制成品逐渐取代初级农产品和矿物品成为国际贸易最主要的构成部分。这种演变可以引导学生用发展的观点看待事物,即一切事物都处在永不停息的运动、变化和发展的过程中。

3. 思政教学案例

本章思政元素丰富,为做到课程思政教学"润物细无声"的要求,在本章教学内容中融入以下两个思政教学案例:

案例一:科学思维教学策略

在讲述贸易引力模型后,让学生思考美国、欧盟等成为我国重要贸易伙伴的原因,学以致用,以科学专业的态度去分析贸易现象背后的驱动因素。

案例二:唯物辩证法的发展观教学策略

在讲述国际贸易的主要构成及各部分占比的变化后,设置课程思考题,让学生分析改革开放以来,尤其是加入WTO之后,我国出口商品结构的变化及对外贸易战略的演变过程,引导学生用发展的观点看待我国对外贸易的发展。

(三)李嘉图模型

1. 专业教学目标

本章是国际经济学课程的第三章,属于国际贸易经典理论的开篇章节,主要涵盖以下五个具体的教学目标:

(1)掌握机会成本和比较优势的概念;

(2)掌握单一要素的李嘉图模型;

(3)理解生产可能性曲线的概念;

(4)在比较优势的框架下分析贸易利得的来源;

(5)了解贸易如何影响相对工资。

2. 重要思政元素分析与相关知识板块

本章主要讲述古典贸易理论——李嘉图模型,其涵盖的基础知识点是之后学习新古典贸易理论、新贸易理论的基础。本章涉及的思政元素和相关的知识板块主要包括以下三点：

(1) 矛盾分析法

在本章的第一、二小节，首先介绍了机会成本和比较优势的概念，并通过玫瑰和计算机的生产选择来具体分析比较优势如何使得各个国家专业化生产自己最具优势的产品，并通过贸易获得其他产品。根据比较优势选择贸易模式正是矛盾分析法在经济学中的应用，即坚持两点论与重点论的结合，善于抓住主流，强化自身的发展优势。

(2) 坚持整体与部分的统一

本章的第三小节讲述了在资源有限的情况下，如何选择最优的生产组合。这一部分体现了哲学中整体和部分的观点，即部分是整体的一环，它依赖于整体，不能脱离整体而存在。

(3) 全球视野

本章的第四小节系统讲述了贸易利得的来源，这一点可以非常自然地联系到对外贸易发展对我国经济发展的重要作用，用实例来阐述国际贸易理论的现实应用，引导学生树立科学的开放观。

3. 思政教学案例

本章思政元素较为丰富，为了帮助学生更深刻地理解国际贸易理论的内涵和现实意义，本章在教学内容中融入以下两个思政教学案例：

案例一：矛盾分析法教学实例

在讲完机会成本与比较优势的内容后，通过设置思考题的方式，将思政教育融入课堂。让学生利用矛盾分析法，辩证地分析改革开放以来，我国是如何根据自身的比较优势不断调整贸易模式和对外发展战略的。

案例二：坚持整体与部分的统一

本章第三小节所讲述的生产可能性曲线本质上诠释的是资源约束与可持续发展问题。经济可持续发展是一个整体，在这个过程中需要协调好经济发展与各个方面的关系。以党的十八大以来我国大力倡导科学发展观为例，引导学生认识正确处理资源约束与经济发展之间关系的重要性，贯彻落实可持续发展观。

（四）特定要素模型和收入分配

1. 专业教学目标

本章是国际经济学课程的第四章，主要讲述国际贸易的另一经典理论——特定要素模型，主要涵盖以下四个具体的教学目标：

（1）掌握特定要素的概念；

（2）理解特定要素模型框架下的国际贸易模式；

（3）分析特定要素模型如何影响收入分配；

（4）了解贸易政治经济学的基本概念。

2. 重要思政元素分析与相关知识板块

本章内容主要围绕特定要素模型展开，在讲解特定要素模型理论基本概念的基础上，带领学生探究其如何影响一国的收入分配。本章涉及的知识点蕴含丰富的思政元素，具体如下：

（1）矛盾的特殊性

本章第一小节介绍了特定要素的概念，即一种要素的用途通常仅限于某一行业，而不符合其他部门的需要。如汽车行业的资本不能用于服装行业，反之亦然。特定要素的含义体现了矛盾的特殊性，即不同事物的矛盾是具体的、特殊的。认识矛盾的特殊性是认识事物的基础，亦是解决矛盾的前提。

(2) 联系观

在本章的第二、三小节介绍了特定要素框架下的国际贸易模式以及其对一国收入分配的影响。一国的要素禀赋通过影响贸易模式进而影响国民收入分配,通过这部分内容来培养学生用联系的观点分析国际贸易理论。

(3) 辩证思维

本章的第三小节介绍了特定要素贸易模型如何影响一国的收入分配,即贸易使出口部门特定生产要素的所有者获益,使进口产品竞争部门特定要素的所有者受损。同一事物往往具有利害双面性,看待问题要善于分析其积极和消极的方面。

3. 思政教学案例

为了帮助学生更深刻地理解国际贸易理论的内涵和现实意义,本章在教学内容中融入以下两个思政教学案例:

案例一:矛盾的特殊性教学实例

改革开放以来,我国加工贸易先后经历了以来料加工为主、进料加工稳步发展、加入 WTO 之后的调整升级三个主要阶段。以我国加工贸易模式的逐步调整为例,引导学生领会坚持矛盾特殊性的哲学含义,学会具体问题具体分析。

案例二:联系观教学实例

以中国对外贸易的崛起对世界的影响为例,引导学生在全球化的背景下用联系的观点分析我国对外贸易的崛起如何影响西方国家的贸易、消费和就业。

(五) 赫克歇尔-俄林模型

1. 专业教学目标

本章是国际经济学课程的第五章,主要讲述赫克歇尔-俄林(H-O)

模型。在特定要素模型中，假定某些生产要素特定于某些生产部门，忽略了任何生产要素在长期内总是可以在不同生产部门之间流动这一现实。而本章的赫克歇尔-俄林模型假定所有生产要素都能在不同生产部门之间自由流动。本章具体的教学目标主要包括以下四点：

（1）了解赫克歇尔-俄林模型的框架；

（2）了解赫克歇尔-俄林模型下的国际贸易模式；

（3）理解要素价格均等化定理；

（4）理解贸易类型和收入分配。

2. 重要思政元素分析与相关知识板块

本章内容主要围绕赫克歇尔-俄林两部门贸易模型展开。本章涉及的知识点蕴含丰富的思政元素，具体如下：

（1）国际视野

本章的第一、二小节讲述了 $2\times2\times2$ 的 H-O 模型中贸易类型的选择，即 H-O 定理。该定理指出劳动丰裕国家出口劳动密集型产品，资本丰裕国家出口资本密集型产品。在自由贸易条件下，贸易开放对所有国家都是有益的。H-O 定理体现了根据自身比较优势发展国际贸易可以促进一国经济发展，有助于引导学生在全球化背景下，树立科学的开放观。

（2）辩证思维

本章的第四小节讲述了贸易开放如何影响国内收入分配，即 SS 定理，该定理表明贸易开放必然有赢家和输家，并且告诉我们谁会是赢家，谁会是输家。这一结论体现了经典贸易理论中所蕴含的辩证思维。

3. 思政教学案例

为了帮助学生更好地理解赫克歇尔-俄林贸易模型所蕴含的思政

元素,本章在教学内容中融入以下两个思政教学案例:

案例一:国际视野教学实例

以改革开放以来我国外向型经济发展取得巨大成就的案例来阐释国际贸易理论在现实中的应用,引导学生树立科学的开放观。

案例二:辩证思维教学实例

以"新冠"疫情暴发以来,我国统筹疫情防控和经济社会发展实例,引导学生坚持用辩证思维看待事物的发展,坚持"两点论"和"重点论"相统一。

(六)标准贸易模型

1. 专业教学目标

本章是国际经济学课程的第六章,主要讲述标准贸易模型。标准贸易模型是建立在前面几章所讲述的李嘉图模型、特定要素模型和赫克歇尔-俄林模型基础上的,更具一般性的世界贸易模型。本章具体的教学目标主要包括以下五点:

(1)定义相对供给和相对需求;

(2)理解贸易条件和福利;

(3)了解不同经济增长模式的影响;

(4)理解进口关税和出口补贴政策;

(5)理解国际借贷的影响。

2. 重要思政元素分析与相关知识板块

本章内容在以往贸易模式的基础上,进一步分析贸易条件和福利,并讨论出口导向型增长模式、进口导向型增长模式对自身及贸易伙伴国福利的影响。本章内容更具有综合性,同时蕴含丰富的思政元素,具体如下:

(1) 联系观

在贸易开放的背景下,一国所实施的加征进口关税、出口补贴等政策,都会通过影响贸易条件,进而影响贸易双方的福利,本质上体现了哲学中的联系观。

(2) 运动观

本章的第一小节讲述了相对供给和相对需求曲线,当外生政策改变时,两者就会移动并最终达到新的均衡。这体现了哲学中的运动观,即一切事物都处于运动和变化中,静止是运动的特殊状态。

3. 思政教学案例

为了帮助学生更好地理解标准贸易模型在现实中的实际应用,本章融入以下思政教学案例:

案例:联系观教学实例

通过设置课堂思考题的形式,以习近平主席宣布降低汽车关税为例,让学生分析这一政策如何影响我国的贸易条件,并进一步预测如何影响我国及伙伴国的贸易福利。

(七) 外部规模经济

1. 专业教学目标

本章是国际经济学课程的第七章,也是新贸易理论的开篇章节。古典贸易理论认为比较优势是各国开展贸易的基础,而本章将介绍规模经济以及规模报酬递增如何促进国际贸易的产生。本章具体的教学目标主要包括以下四点:

(1) 理解规模报酬递增产生国际贸易的原因;

(2) 区分内部规模经济与外部规模经济;

(3) 讨论外部规模经济的来源;

(4) 讨论外部规模经济和技术溢出在塑造比较优势及贸易模式中

的作用。

2. 重要思政元素分析与相关知识板块

本章内容主要围绕规模经济以及规模报酬递增如何产生国际贸易这一核心内容展开,作为新贸易理论的开端,本章涉及的知识点蕴含丰富的思政元素,具体如下:

(1) 主观能动性

在古典贸易理论框架下,比较优势是产生国际贸易的来源,而本章第一小节的内容表明,即使没有比较优势,只要生产满足规模报酬递增,也就可以产生贸易。这从本质上体现了哲学中所倡导的充分发挥主观能动性的思想。

(2) 量变和质变

在本章的第四小节,讨论了外部规模经济和技术溢出在塑造比较优势及贸易模式中的作用。这本质上是一个由"量"的积累,到最终可以在没有比较优势的情况下产生贸易的过程,即实现"质"的转变。

3. 思政教学案例

为了帮助学生理解规模经济在贸易以及经济发展中的重要性,本章在教学内容中融入以下案例:

案例:量变和质变教学案例

以高铁技术发展和出口为例,说明规模报酬递增如何推动我国在新兴产业获得比较优势,并实现价值链的攀升,培养当代大学生潜心积累,努力突破的使命感和责任感。

(八) 全球经济中的企业:出口决策、外包和跨国企业

1. 专业教学目标

本章是国际经济学课程的第八章,是新贸易理论的开篇章节,探讨内部规模经济、不完全竞争与国际贸易的问题。本章具体的教学目

标主要包括以下五点：

(1) 掌握内部规模经济和产品差异化如何产生产业内贸易；

(2) 认识产业内贸易带来贸易福利；

(3) 描述经济一体化如何导致在同一行业的企业间产生赢家和输家；

(4) 探讨表现更好的公司有更大的动力参与全球经济的原因；

(5) 理解跨国公司存在及进行外国直接投资动机的理论。

2. 重要思政元素分析与相关知识板块

本章内容主要围绕规模经济以及规模报酬递增如何产生国际贸易这一核心内容展开，作为新贸易理论的开端，本章涉及的知识点蕴含丰富的思政元素，具体如下：

(1) 全球视野

在本章的第二小节，讲述了产业内贸易产生的两种新的福利改进：更低的价格和更多的产品种类。这充分体现了新贸易理论体系下，贸易开放给企业和消费者带来的福利改进。教师需引导学生拓宽全球视野，培养正确的开放观。

(2) 优胜劣汰的进化论思想

本章第三小节讲述了在产业内贸易的框架下，贸易开放会促进行业内资源向生产率较高的企业倾斜，最低效率的企业将会被迫退出市场。行业内企业间的优胜劣汰促进了行业整体生产效率的提升。

(3) 相互合作、互惠互利的精神

本章的第五小节讲述了跨国公司通过外包，拉近与当地消费者的距离，在全球范围内选择最优的生产基地，不仅提高了自身的利润，而且对接受投资的国家产生了一定的技术溢出，这体现了相互合作、互惠互利的精神。

3. 思政教学案例

为了帮助学生更好地理解新贸易理论,本章在教学内容中融入以下两个案例:

案例一:优胜劣汰的进化论思想案例

以当前飞速发展的智能手机行业为例:诺基亚被收购、LG宣布退出手机市场,相对应的苹果、华为、VIVO、小米却占据大部分市场份额。这正是体现了产业内贸易中,行业内部的优胜劣汰促进了行业整体效率的提升。

案例二:相互合作、互惠互利的精神案例

2019年夏季举办的达沃斯论坛,从覆盖全场的5G信号到逼真的AR视觉体验,再到医疗机器人,几乎每项创新都得益于全球各地的技术支撑。这充分说明了在科学技术日新月异的今天,任何一个国家或企业都做不到"包打天下",合作共赢是必然趋势。

(九)贸易政策工具

1. 专业教学目标

本章是国际经济学课程的第九章,主要讲述贸易政策工具,认识常用的传统贸易政策工具、新型贸易政策工具,并探讨其带来的贸易福利变化。本章具体的教学目标主要包括以下两点:

(1)评价实施关税政策的成本、收益和福利;

(2)了解出口补贴、进口配额、自愿出口限制、原产地规则等贸易政策工具。

2. 重要思政元素分析与相关知识板块

本章内容主要围绕贸易政策工具展开,引导学生利用以往所学的贸易理论,评估各类贸易政策的福利影响,知识点虽然不多,但具有重要的现实意义。本章涉及的知识点主要蕴含以下思政元素:

(1) 辩证思维

本章第一小节进口关税的福利分析表明进口关税通过消费扭曲和生产扭曲损害国民福利。这体现了一些贸易政策或许短期内可以达到预期的目的，但从长远来看是损害国民福利的。这说明看待任何贸易政策工具，都应该从正、反两面进行分析，做到两利相权取其重，两害相权取其轻。

(2) 创新精神

在本章的第二小节，我们介绍了自愿出口限制、原产地规则等非关税贸易壁垒。随着经济全球化的日益深入及科技的飞速发展，越来越多的新型贸易政策工具受到政策制定者的青睐。从出口方的视角来看，本质上是对产品的技术水平和科技含量提出了更高的要求。

3. 思政教学案例

为了帮助学生深入理解各类贸易政策，本章在教学内容中融入以下两个案例：

案例一：辩证思维教学案例

以中美贸易摩擦为例，鼓励学生利用所学理论分析美国提高进口关税的实际福利效果，引导学生用辩证思维看待问题。

案例二：创新精神

以最新的非关税壁垒——美国知识产权壁垒为例分析其对我国高科技产业的影响以及我国企业的应对策略，引导学生认识创新对一国经济发展的重要性，进而激发学生勇于创新的责任感与使命感。

(十) 贸易政策的政治经济学

1. 专业教学目标

本章是国际经济学课程的第十章，主要讲述贸易政策背后所蕴含的政治经济学理论。具体的教学目标主要包括以下四点：

（1）理解最优关税理论；

（2）了解贸易政策的政治经济学理论；

（3）了解世界贸易组织的发展历程；

（4）理解区域经济一体化和贸易协定对国际贸易的影响。

2. 重要思政元素分析与相关知识板块

本章所涉及的内容与当前的国际贸易发展形势密切相关，掌握贸易政策的政治经济学理论有助于学生正确认识当前国际贸易的发展趋势。本章涉及的知识点主要蕴含以下思政元素：

（1）矛盾的特殊性

最优关税理论表明大国的行为会对世界市场的价格产生影响，而小国则是世界市场价格的接受者。因此，对于大国而言，使国民福利达到最大的政策不是自由贸易，而是适度的进口关税。同样的贸易政策对大国和小国会产生完全不同的效果，本质上体现了矛盾的特殊性，引导学生坚持具体问题具体分析。

（2）整体和部分

在贸易政策的政治经济学理论部分，本章介绍了中位选民理论、集体行动理论。从本质上看，我们所观察到的贸易政策是政治决定过程中各种力量在博弈中寻求整体均衡的结果，体现了哲学中整体和部分的关系。

（3）全球视野

在本章的第三、第四小节，介绍了WTO的发展历程、区域经济一体化和贸易协定对国际贸易的影响，体现了对外开放深深影响了各国的贸易和经济，反映了全球化是当前经济贸易发展的必然趋势，引导学生拓宽全球视野。

3. 思政教学案例

为了帮助学生深入理解贸易政策的政治经济学,本章在教学内容中融入以下思政案例:

案例:"一带一路"与人类命运共同体

"一带一路"倡议是当代区域经济一体化的重要载体,对于国际经济新秩序的构建具有重要战略意义,引导学生理解"一带一路"倡议对于人类命运共同体建设的重大意义。

(十一)发展中国家的贸易政策

1. 专业教学目标

本章是国际经济学课程的第十一章,主要围绕发展中国家的贸易政策展开,具体的教学目标主要包括以下三点:

(1)回顾发展中国家历来施行的保护主义案例,并讨论"进口替代"和"幼稚产业"论点;

(2)总结"经济二元论"背后的基本思想及其与国际贸易的关系;

(3)讨论中国和印度等亚洲国家的近代经济史,并分析其经济快速增长与参与国际贸易之间的关系。

2. 重要思政元素分析与相关知识板块

本章内容主要围绕发展中国家的对外贸易发展战略展开,分析参与国际贸易对发展中国家经济发展的影响。本章涉及的知识点主要蕴含以下思政元素:

(1)辩证思维

本章第一小节讲述了发展中国家曾实行的"幼稚产业"政策,该政策在短期内保护了国内一些行业的发展,但也可能造成这些行业永远无法真正独立和强大。这说明我们应该用辩证的思维看待贸易保护主义政策。

(2) 全球视野

本章的第三小节结合亚洲国家近代的经济发展历程,用数据和图表清晰地展示了参与国际贸易后,亚洲的一些发展中国家迅速实现了经济的腾飞。在当前经济全球化日益深入的背景下,坚持对外开放尤为重要。

3. 思政教学案例

为了帮助学生更好地理解发展中国家的贸易政策及贸易如何影响发展中国家的经济发展,本章在教学内容中融入以下思政案例:

案例:全球视野

以20世纪90年代"亚洲四小龙"的经济腾飞为例,说明对外开放对一国(地区)经济发展的重要性,引导学生树立科学的开放观,培养全球视野。

(十二)贸易政策争论

1. 专业教学目标

本章是国际经济学课程的第十二章。随着经济全球化的日益深入,各国都越来越关注贸易政策的外部性及贸易对工人、劳工标准和环境的影响。本章内容将详细介绍当下广受关注的一些贸易政策争论。具体的教学目标主要包括以下两点:

(1) 总结干预主义贸易政策中涉及外部性和规模经济的论点;

(2) 评估贸易对工人、劳工标准、环境和文化的影响。

2. 重要思政元素分析与相关知识板块

本章内容主要围绕贸易政策的争论展开。本章涉及的知识点也是当下各国政府及劳动者普遍关注的问题,具有重要的政策含义和现实意义。本章涉及的知识点主要蕴含以下思政元素:

(1) 辩证思维

本章第二小节讲述了国际贸易的发展对工人、劳工标准、环境和文化的负面影响。这说明贸易在促进一国经济发展的同时,可能拉大贫富差距、破坏生态环境、冲击本土文化。因此,我们应该用辩证的思维看待贸易的影响,在鼓励开放的同时,应完善相关配套措施,关注贸易可能带来的一些负向外部性。

（2）整体和部分

在贸易政策的外部性小节中,本章利用数据和图表清晰地展示了中国、欧盟和美国碳排量的变化趋势,可以清晰地看出随着工业化进程的不断推进,各国碳排量整体呈上升趋势,尤其是早期不断承接发达国家产业转移的发展中国家。从整体与部分的关系来看,全球气候变化与每个国家都息息相关,更需要各个国家相互合作,实现整体的产业优化和减排。

3. 思政教学案例

为了帮助学生更好地理解当下广受关注的一些贸易政策争论,本章在教学内容中融入以下思政案例:

案例:全球气候变化大会

自1995年起,全球气候变化大会每年在世界不同地区举行。以联合国气候变化大会为例,帮助学生了解在联合国的组织和倡导下,世界各国是如何不断地为应对全球气候变化协调和努力的。

第五章　国际经济学Ⅱ课程思政教学指南

一、国际经济学Ⅱ课程简介

（一）课程主要内容

国际经济学Ⅱ是经济学专业学生的基础课程。国际经济学是一个不断发展的主题，它关注的是各国之间的实体市场、资本市场之间的关系，主要涉及现实世界问题，如国际收支问题和政策、汇率变动的原因以及经济体之间宏观经济联系的影响。通过本课程，希望能让学生掌握国际经济学基本理论和知识，并通过这些理论和知识解释各种国际现象，同时了解各种国际经济相关政策，为他们未来的经济或金融工作奠定坚实的基础。基于此，本课程将引导学生进一步研究国际经济学理论的最新发展，并掌握国际金融学的最新趋势。本课程还特别专注于国际竞争中不同专业管理角色的可用工具和分析能力。

（二）教学目标

1. 专业教学目标

（1）明确关键的国际经济学术语和概念；

（2）选择并使用恰当的来源收集国际经济学研究所需的信息和数据；

(3) 批判性地分析与国际金融环境相关的机遇和风险；

(4) 能够运用量化工具分析国际经贸问题；

(5) 通晓国际经贸规则。

2. 课程思政教学目标

本课程结合课程特色、目标人群，充分对接本书的课程思政教学目标（见表 2.1）。

(三) 教学资料

(1) 智慧树网课系统，含视频、测试、PPT 等资料。

(2) 丁浩员，谢雯璟. 国际商务[M]. 上海：上海财经大学出版社，2020.

(3) 斯蒂芬·瓦尔德斯，菲利普·莫利纽克斯. 国际金融市场导论[M]. 6 版. 郎金焕，译. 北京：中国人民大学出版社，2014.

(4) 保罗·克鲁格曼，莫里斯·奥伯斯法尔德，马克·梅里兹. 国际经济学：理论与政策[M]. 10 版. 北京：中国人民大学出版社，2016.

(四) 教学活动

1. 互动式授课

教师在（智慧树平台）课堂上讲解国际经济学领域的关键概念和理论，启发学生思考；同时，教师会邀请和鼓励学生分享看法和实践经验。

2. 课堂测试

基于具体授课专题的内容，教师会在课堂上让学生参与一些个人或团队练习，以此加深学生对相关概念和理论的理解以及利用理论解决实际问题的能力。在分享练习结果的过程中，学生的表达能力、倾听能力以及多角度思维和创新思维的能力也会得到提高。

3. 自身

要求学生按照课程进度阅读推荐教材中的相应章节和其他阅读资料。

二、国际经济学Ⅱ课程各章节思政教学指南

（一）全球化

1. 专业教学目标

本章是国际经济学Ⅱ课程的开篇，是后面众多章节的基础，也奠定了整个课程的基调。本章尽可能全面地向学生介绍了与全球化有关的知识，旨在帮助学生了解以下目标：

（1）了解全球化的概念；

（2）熟悉衡量全球化的各类指标；

（3）了解全球化的表现；

（4）熟悉关于全球化评价的几类主流观点。

2. 重要思政元素分析与相关知识板块

本章主要的思政元素和相关知识板块包括以下几个方面：

（1）公民意识

在谈及全球化的后果和观点时，本课程均会强调企业在跨国经营过程中应该意识到不同国家存在不同的制度，应当遵守相应的文化、法律等，引导学生诚实守信、具备现代法治意识、包容多元文化。

（2）国际视野

本章的引言部分为全球经济格局，能够快速地带领学生了解国际经济的基本格局。

（3）专业精神

在描述全球化的表现时，本课程除了用一些身边的现象进行辅助教学外，还会向学生介绍如何用指标来进行度量，以此培养学生的专

业精神。

(4) 政治认同

在介绍全球化的表现时,课程以中国为例,详细地介绍了中国的全球化进程。由于本课程目标人群主要为国际贸易专业学生,因此本章将引导学生理解并认同中国特色社会主义道路。

3. 思政教学案例

本章思政元素丰富。为满足课程思政"润物细无声"的教学要求,本章将会采用多种教学策略,在教学中融入相关思政元素。下面列举两个案例:

案例一:中国全球化的进程

在向学生介绍全球化的表现时,课程会以中国为例重点介绍各国全球化的表现。比如,中国参与对外直接投资的企业越来越多,在全球范围内中国企业的声誉越来越好,其中一个原因在于中国企业在海外经营时,充分尊重国外法律、文化,从而引导学生理解中国的经济发展道路,树立遵纪守法的意识。

案例二:多个角度看全球化

人们往往会以最直观的感受去描述全球化,如使用的苹果手机、穿的进口外套。但是这些例子一来范围较小,只是全球化的一个小小方面;二来过于通俗,不能准确地表现全球化的程度。因此,本课程引入多个全球化的测量指标,从不同的角度表征一个国家的全球化程度,并且讨论各个指标的优点和缺点。这种引导方式能够帮助学生意识到如何以经济学的话语来描述经济现象,其背后体现的就是科学里的实证精神。

(二) 国际贸易

1. 专业教学目标

在本章,课程开始带领学生走进国际贸易,从事实、数据、政策等

方面对国际贸易进行详尽的介绍。通过本章的学习,课程希望达成以下教学目标:

(1) 了解关于国际贸易的特征事实;

(2) 厘清国际贸易理论的发展;

(3) 对国际贸易领域政策有初步的认知;

(4) 了解中美贸易摩擦的前因后果。

2. 重要思政元素分析与相关知识板块

本章涵盖内容较广,以尽可能全面的视角向学生展示国际贸易的整体轮廓。其中主要的思政元素和相关的重点知识板块包括:

(1) 科学思维

本章在介绍国际贸易相关知识时,会向学生展示大量的国际贸易数据,包括全球主要经济体的进出口数据、中国的进出口数据,以及主要行业的进出口数据等,让学生对全球、中国的贸易情况有最直观的了解,培养学生具备基本的数据验证思维。

(2) 国际视野

本章最后一部分是对热门事件——中美贸易摩擦的详细解读。在该部分会详细介绍此次事件的起源、经过以及相应的后果,帮助学生初步了解国际政治与经济的基本格局,理解中国和美国在国际格局中的方位,并且掌握如何以经济学的视角分析国际政治与经济问题的思维能力。

(3) 专业精神

本章带领学生梳理国际贸易理论的发展进程,以及各国处理国际贸易问题的一些手段,使学生可以对国际贸易的专业知识有详细的了解;本章也会介绍国际贸易政策以及一些实例,培养学生用专业知识分析现实国际经贸问题的能力。

3. 思政教学案例

本章思政元素丰富。为实现课程思政"润物细无声"的教学要求，需要采用多种教学手段和策略，在教学中融入相关思政元素。下面为两个课程思政教学案例：

案例一：如何理解比较优势

比较优势是经典的国际贸易理论。为了使学生更快速地理解比较优势的内涵，本课程将会使用角色扮演的形式进行辅助讲解，比如让两个学生分别扮演果农，都种植苹果和梨，并给定他们生产效率和交换比例，让他们自主决定如何生产和交换以尽可能地让每个人最终的消费最多。通过这种寓教于乐的方式来激发学生对科学方法的兴趣，以及去关注科学方法如何帮助我们更深刻、更清晰地认识世界。

案例二：全球贸易总览

课程的开篇会以详尽的数据展示世界前十的进口国和出口国，与中国贸易往来最多的前十个国家，中国各个行业的进出口情况，以及历年来贸易形势的变动。通过这些学习，学生进一步意识到如何以数据表达经济事实，建立起学生的数据验证思维。

（三）国际直接投资

1. 专业教学目标

本章开始进入另一种形式的国际化：对外直接投资。这一章课程将会介绍对外直接投资的典型、事实、概念和分类、理论、收益和成本、典型案例。具体教学目标如下：

(1) 了解对外直接投资和出口的区别；

(2) 区分不同类型的对外直接投资；

(3) 熟悉对外直接投资的收益和成本。

2. 重要思政元素分析与相关知识板块

本章专业性较强,同时涉及多种数据,其中蕴含了丰富的思政元素,值得在专业知识的讲授中体现。其主要的思政元素和相关的重点知识板块包括:

(1) 公民意识

对外直接投资的载体是跨国企业,在跨国经营过程中,跨国企业需要具备一定的社会责任感,遵守当地的文化、法制等。以跨国企业为例,可以启发学生具备完整的社会责任感、具备现代法治意识。

(2) 科学思维

与国际贸易章节类似,本章仍会先以详细的数据介绍对外直接投资的基本情况,再进一步深化学生的数据思维能力。

(3) 专业精神

本章在后半部分会介绍对外直接投资的理论,帮助学生更深入地理解对外直接投资,进一步加强他们关于国际经济知识的理解,以及熟悉如何用专业知识分析现实国际经贸问题。

3. 思政教学案例

本章思政元素丰富。为实现课程思政"润物细无声"的教学要求,需要采用多种教学手段和策略,在教学中融入相关思政元素。下面为一个课程思政教学案例:

案例:出口与对外直接投资的区别

为帮助学生理解出口与对外直接投资的区别,以及为什么有的企业选择出口,有的企业选择对外直接投资,课程请学生扮演不同的企业,有的企业的产品目标国为A国,有的企业的产品目标国为B国,并且假设A国关税高,B国关税低,请他们选择如何开展国际业务。理论的讲解往往较为枯燥,而角色扮演的方式更能调动学生的积极性,让他们更乐意参与其中，激发学生对科学方法的兴趣，以及去关注科学方法如何帮助我们更深刻、更清晰地认识世界。

（四）外汇市场交易

1. 专业教学目标

本章介绍全球化的另一个角度：外汇市场。本章介绍外汇市场的基本情况、外汇市场的参与者、典型的外汇市场交易。具体的教学目标如下：

（1）了解外汇市场的概念、作用；

（2）了解各个外汇市场的参与者的作用；

（3）熟悉最基本的外汇市场交易。

2. 重要思政元素分析与相关知识板块

本章专业性较强，同时涉及多种数据，其中蕴含了丰富的思政元素，值得在专业知识的讲授中体现。其主要的思政元素和相关的重点知识板块包括：

（1）公民意识

外汇市场是一个风险与收益并存的市场。在外汇市场中，违法交易行为不仅影响国家形象，而且可能触发金融风险。在本部分的教学中，应当重点强调让学生尊重法律，不可追求违法收益。

（2）科学思维

外汇市场的最后部分是介绍外汇市场的远期交易、即期交易和汇率，讲解在不同市场环境下，如何调整交易组合来尽可能地追求高收益和低风险。通过该部分的学习，也能锻炼学生的逻辑思维能力。

3. 思政教学案例

本章思政元素丰富。为实现课程思政"润物细无声"的教学要求，需要采用多种教学手段和策略，在教学中融入相关思政元素。下面为一个课程思政教学案例：

案例：违法的外汇交易行为

2014年8月，外汇局某局分局联合市公安机关破获的某公司虚假转口贸易案，被公安部列入2014年全国十大经济要案之一。该公司注册资本仅100万元人民币，在两年多的时间内，凭借着要素不全、存在明显瑕疵的伪造凭证，办理了超过4万美元的转口贸易。A银行管辖支行、B银行管辖支行等7家银行在为这样明显可疑的客户办理业务过程中，未能履行真实性审核。最终该公司被发现伪造提单125份，对外付汇91笔，案值2.18亿美元，法定代表人王某以逃汇罪入狱。通过这些反面案例，进一步加强学生的法治意识。

（五）全球与区域经济一体化

1. 专业教学目标

本章的主题为全球与区域经济一体化，介绍全球经济一体化的概念、发展历程，区域经济一体化的概念、典型事实，世界经济格局。具体教学目标如下：

（1）了解全球经济一体化和区域经济一体化的概念；

（2）了解欧洲、美洲、亚太地区、非洲的区域经济一体化情况；

（3）了解世界经济格局。

2. 重要思政元素分析与相关知识板块

本章专业性较强，同时涉及全球和局部区域的情形分析，其中蕴含了丰富的思政元素，值得在专业知识的讲授中体现。其主要的思政元素和相关的重点知识板块包括：

（1）国际视野

本章以从全球到局部区域的视角，详细地展示了总体的经济格局、各个区域的经济格局，以及中国在经济格局中的地位。有利于拓宽学生的国际视野,使学生对全球的经济形势有一个清晰的认知。

(2) 专业精神

本章还会详细介绍国际形势的形成过程,透过现象看本质,引导学生思考国际格局背后的经济和政治原因,熟练运用专业知识分析现实国际经贸问题。

3. 思政教学案例

本章思政元素丰富。为实现课程思政"润物细无声"的教学要求,需要采用多种教学手段和策略,在教学中融入相关思政元素。下面为一个课程思政教学案例:

案例:东盟的形成过程

本章以东盟为例详细地向学生展示东盟形成的背景、东盟成员国情况、东盟协定所包含的条约、东盟的发展节点以及东盟的现实意义,有利于学生建立对区域经济一体化的全面认知,增强学生分析国际政治与经济问题的思维能力。

(六) 全球资本市场

1. 专业教学目标

本章的主题为全球资本市场,介绍的主要内容为全球资本市场的概况、益处和风险。具体教学目标如下:

(1) 熟知主要的全球资本市场;

(2) 了解全球资本市场的收益和风险。

2. 重要思政元素分析与相关知识板块

本章侧重于基本的经济学知识普及,旨在为学生搭建初步的资本市场框架。然而,其中仍蕴含了丰富的思政元素,值得在专业知识的讲授中体现。其主要的思政元素和相关的重点知识板块包括:

(1) 国际视野

在介绍全球主要的资本市场的同时,其实也是在以一个新的视角介绍国际经济格局,在前面章节的基础上,进一步拓宽学生的国际视野。

(2) 专业精神

全球资本市场也是全球金融市场,从经济学的角度分析其中的收益与风险至关重要。本章内容一方面深化了学生对于经济学理论的认知,另一方面加强了学生运用专业知识分析现实国际经贸问题的能力。

3. 思政教学案例

本章思政元素丰富。为实现课程思政"润物细无声"的教学要求,需要采用多种教学手段和策略,在教学中融入相关思政元素。下面为一个课程思政教学案例:

案例:金融市场泡沫——郁金香狂热

郁金香狂热是1637年发生在荷兰的世界上最早的泡沫经济事件。当时由奥斯曼土耳其引进的郁金香球根异常地吸引人,引起大众抢购,导致价格疯狂飙高,在泡沫化过后,价格仅剩下泡沫时的1%,让荷兰各大都市陷入混乱。这个事件和英国的"南海泡沫"事件以及法国的"密西西比泡沫"事件并称为近代欧洲三大泡沫事件。通过讲解典型的历史事件来引导学生思考金融泡沫的形成,理性看待资本市场的收益与风险。

(七) 制度

1. 专业教学目标

课程最后一章的主题为制度与国际经济学,介绍了制度的概念、正式制度与非正式制度,以及制度在国际经济学中的角色。具体而

言,本章的教学目标如下:

(1) 对制度有较为清晰的认知;

(2) 能够理解并区分正式制度和非正式制度;

(3) 了解制度在国际经济学中发挥的作用。

2. 重要思政元素分析与相关知识板块

本章将人文知识与经济学知识相结合,蕴含了丰富的思政元素,其主要的思政元素和相关重点知识板块包括:

(1) 政治认同

本章的一个重点内容是向学生介绍中国的制度,如儒家文化、司法制度等,通过本章的学习,学生们将会进一步理解并认同中国特色社会主义道路。

(2) 文化自信

对于多数学生而言,对中国文化的了解并不深,很多文化,他们可能只知其然而不知其所以然。通过向他们科普儒家文化、海派文化等知识,能帮助他们更加了解和认同中华优秀传统文化、中国特色社会主义文化。

(3) 公民意识

正式制度和非正式制度本质上是规范人们行为的两种不同方式。关于制度的教学,能提升学生的公民意识,督促他们遵守社会规范、提升社会责任感、具备现代法治意识;本章也能让学生认知到各国的制度均有差异,需要相互尊重、相互包容。

(4) 专业精神

制度也能帮助解释一些国际经济现象,如两国文化相近,那么它们之间的贸易往来也会更多。通过向学生讲解制度在国际经济学中的地位,能加强学生对制度的理解,而并非存留在概念层面,培养了学生用专业知识分析现实国际经贸问题的能力。

3. 思政教学案例

本章思政元素丰富。为实现课程思政"润物细无声"的教学要求，需要采用多种教学手段和策略，在教学中融入相关思政元素。下面为两个课程思政教学案例：

案例一：海派文化

上海的文化被称为"海派文化"，其实质是对欧美文化的借鉴。海派文化是在中国江南传统文化（吴越文化）的基础上，融合开埠后传入的对上海影响深远的源于欧美的近现代工业文明而逐步形成的上海特有的文化现象。海派文化既有江南文化（吴越文化）的古典与雅致，又有国际大都市的现代与时尚，区别于中国其他文化，具有开放而又自成一体的独特风格。海派文化既帮助学生理解了中国特色文化，也让学生看到了文化之间的包容性。

案例二：正式制度与非正式制度的替代性

课程最后以论文的形式向学生介绍了制度在国际经济学中发挥的作用。近年来，不少研究发现制度是一国比较优势的重要决定因素，根据国际标准的测量方法，中国的司法和金融制度都比较落后。但近十几年来，中国高度依靠外部融资或合同执行的行业的出口出现了井喷式的发展且明显快于对外部融资和合同执行依赖度低的行业。其原因在于，虽然中国的正式制度不够完善，但是中国的非正式制度能够起到替代性的作用，从而成为比较优势的来源。

第六章　国际商务课程思政教学指南

一、国际商务课程简介

（一）课程主要内容

国际商务是一门主要研究跨国公司和国际商务环境、经济学和管理学的交叉学科。本课程主要是以企业的视角研究国际商务，方法上侧重经济学的方法。本课程为学生提供一系列分析工具，帮助他们理解公司参与到国际商务中的决策。在课程中，学生会学习公司为什么参与到国际商务中去，以及以何种形式参与。学生会学习跨国公司对目的国的影响，以及贸易和税收政策如何影响跨国公司的公司结构等。本课程一般在大学三四年级开设，是国际商务和世界经济专业学生的必修课。

（二）教学目标

1. 专业教学目标

（1）了解企业在从事国际商务中的成本或障碍，以及这些成本的变化趋势。

（2）理解企业生产率的概念和度量。

（3）了解出口企业和跨国企业的相关特征事实。

(4) 学习和理解公司为什么参与到国际商务中去，以及以何种形式参与的相关模型。学习如何将理论联系现实。

(5) 理解不同国家税收政策的差异如何影响公司的位置决策。

2. 课程思政特征分析与教学目标

(1) 课程思政特征分析

国际商务课程是国际商务和世界经济专业的核心课程，旨在培养有理想、有本领、有担当，具有全球视野的社会主义建设者和接班人。在国际商务相关的知识体系中，蕴含了丰富的课程思政元素。国际商务课程的授课对象一般是高校三四年级的本科生，他们正处在人生观念、思想品德和人格建设的关键时期，也开始有一定的政治觉悟和公民意识。若能在国际商务授课过程中，将课程思政元素"润物细无声"地融入，将有助于培养学生健康全面的人格品质和正确积极的三观，推动培养大学生成为符合习近平新时代中国特色社会主义发展要求和中华民族伟大复兴的新时代青年。

根据国际商务课程的知识内容、专业特征和教学方法，其蕴含的思政元素主要可归于七大维度：政治认同、家国情怀、科学精神、法治意识、全球视野、公民品格和生态文明。

① 政治认同

目前我国正处在已全面建成小康社会、实现第一个百年奋斗目标、开启全面建设社会主义现代化国家新征程、向实现第二个百年奋斗目标进军的过程中。在党和国家的高瞻远瞩和目标引领下，在这一过程中，我国的经济实力、科技实力、综合国力将大幅跃升。结合跨国公司的历史发展经验来看，会有越来越多的中国企业成为跨国企业，在国际商务中扮演更加重要的作用，我国市场也将成为跨国公司竞争最重要的市场。引导学生理解和认识到，在这样的国家背景和时代机遇下，他们身处广阔天地、大有可为。这是对学生进行政治认同感教育、坚定理想信念的良好素材。引导学生去展望——他们未来的工作、生活和"两个一百年"奋斗目标实现的历史进程同生共长、命脉相连。引导学生去认同——在中国共产党的领导下，他们是实现中华民族伟大复兴中国梦的中流砥柱，并且中华民族伟大复兴终将在他们的努力拼搏中变为现实。

② 家国情怀

改革开放以来，中国经济广泛地融入全球经济发展中。在这一过程中，涌现了很多优秀的中国跨国企业和民族品牌。在教学过程中，通过案例，学生可以感受到中国企业家和中国人的创新创造与拼搏奋斗，激发学生对国家和人民的热爱。引导学生认识到，我们每个人要把自己的人生理想与价值追求融入国家繁荣和社会进步的滔滔洪流中，担当时代赋予的使命，为实现中华民族伟大复兴的中国梦而努力奋斗，努力实现自己的个人理想和社会责任。

③ 科学精神

本课程向学生讲解出口企业和跨国企业的相关特征事实，解释一系列公司在国际商务中决策的模型，以及这些模型如何与我们观察到的特征结合起来。背后的逻辑就是科学方法论在经济学中的应用，而科学方法论正是科学精神的内核。在教学过程中，通过模型和数据的讲解，让学生感受到科学方法如何帮助我们拓展知识边界和更加清晰地认识世界，并通过介绍相关模型的发展过程，让学生感受科学精神中探索创新的重要维度。引导学生认识到，创新精神是一个国家和民族发展的不竭动力，也是一个现代人应该具备的素质。

④ 法治意识

国际商务课程中的一个重点研究主题就是企业经营活动跨越国

界带来的额外成本。企业经营活动跨越国界,会带来很多变化。其中一种变化就是法律环境的变化。在教学中,可以很好地引导学生的法律意识。企业和个人需要意识到国际商务中的法律环境的变化,遵守和尊重各国法律。引导学生理解,作为现代社会,法治是社会稳定和发展的重要基石,而企业和公民的法治意识也决定了社会的文明程度和发展潜能。从这个意义上,国际商务课程的教学过程,也可以是一定程度上的普法过程,使学生在学习国际商务的过程中,也将法治意识纳入自身的三观塑造中。

⑤ 全球视野

当今市场的全球化和生产的全球化,是驱动我们研究国际商务的一个重要原因。这使得国际商务课程是自带国际视野的。了解不同国家和民族在社会、政治、经济和文化上的差异,是国际商务在过去几十年发展中的一个重要特征,我国的发展是促进世界经济全球化的非常重要的力量。构建全球视野,是在考虑问题时从全局着眼,以世界为视域,在世界格局中思考、理解和解决中国问题。

⑥ 公民品格

国际商务会讨论企业的管理水平如何影响企业的国际竞争力。在企业的管理水平方面,我们会通过测量和可控随机实验两种方法,从目标管理、监督管理和激励管理三个维度来讨论。企业的这些管理实践,其实也能很好地运用到我们个人的管理中,有助于我们更好地与他人合作,为社会创造更大的价值。

⑦ 生态文明

国际商务会着重讨论纵向一体化国际直接投资模型,并以该模型为基础讨论国际供应链。通过讨论自然灾害和碳关税对国际供应链的影响的案例,可以激发学生对生态平衡、可持续发展的关注。认识和学习国际商务专业模型与知识的同时,更要把国际商务放在一个更大的生态文明框架中去关注和思考。

(2) 课程思政教学目标

基于以上分析可知,国际商务课程具备丰富的课程思政元素和内涵。在国际商务课程的教学过程中,应当采用合适的教学方式,体现和强化这些思政元素,实现以下的主要课程思政教学目标:

① 在理解跨国公司发展规律和我国的发展趋势的基础上,认识到我国的跨国企业和我国市场在国际商务中发挥着越来越重要的作用,认同中国共产党的领导和中华民族伟大复兴中国梦;

② 在深刻理解企业国际商务的决策模型基础上,接受马克思唯物史观,使用辩证唯物主义和科学方法论的态度分析和解决问题;

③ 通过对国际商务专业知识的学习,培养客观理性的思维特质、严谨求实的工作作风和探索创新的价值取向;

④ 通过对国际供应链的学习,了解自然灾害和碳关税对于国际供应链的影响,培养学生关注生态文明和可持续发展的意识;

⑤ 通过对公司所得税和跨国公司位置的学习,激发知法守法的法治意识。

二、国际商务课程各章节思政教学指南

(一) 绪论

1. 专业教学目标

本章是国际商务课程的开篇,在整门课程的教学中非常重要。这一部分介绍我们以什么视角研究国际商务、为什么学习国际商务和企业参与国际商务过程中有哪些障碍,为之后的学习提供一个框架和背景。具体教学目标如下:

(1) 了解经济全球化和度量；

(2) 理解企业参与国际商务过程中的障碍；

(3) 了解这些障碍的变化趋势。

2. 重要思政元素分析与相关知识板块

本部分是课程的开篇，意在激发学生的兴趣和给学生思考国际商务的框架，授课内容覆盖面广，蕴含的思政元素比较丰富。其主要的思政元素和相关的重点知识板块包括：

(1) 全球视野

开篇一个重要的问题就是，我们为什么要学习国际商务？一个重要的原因就是市场全球化和生产全球化。国际商务是自带全球视野的。引导学生去了解国际经济和文化差异，和以全球视野看待中国的经济发展。

(2) 科学精神

在经济全球化的度量，以及企业参与国际商务过程中障碍的度量和变化趋势的教学中，结合科学里的实证精神，谈谈实证对于科学发展的重要性。

(3) 法治意识

企业在跨国经营中应该意识到不同国家的法律差异，遵守和尊重各国法律。引导学生具备法治意识。

3. 思政教学案例

本章思政元素丰富。为做到课程思政"润物细无声"的教学要求，需要采用多种教学手段和策略，在教学中融入相关思政元素。以下列举两例：

案例一：全球视野下的中国经济增长

在讲述世界各国的经济状况时，教师可以选择十来个国家（包括中国），将各国从1978年到现在的国内生产总值放在一张图中。对比世界上的其他国家,我们将会清晰地看到中国经济增长的两大特点:称得上经济奇迹的40年的快速增长,现如今世界第二的经济规模。引导学生在各经济发展的比较中,去看中国的经济增长,去认同中国共产党的领导,去认同中国特色社会主义发展道路。

案例二:科学里的实证精神

我们在谈到经济的全球化时,通常是以举例的形式来描述经济全球化。比如以智能手机的生产为例,需要各国生产的零部件。但是如果我们想知道过去40年经济全球化的变化情况,那么我们就需要对经济全球化有一些直接的测度。比如使用世界贸易占经济总量之比作为经济全球化的一个度量,同时可以讨论这样一个指标的优点和缺点。这种度量背后体现的就是科学里的实证精神。

(二)企业和企业生产率

1. 专业教学目标

本部分是国际商务课程的第二部分,属于基础知识板块。我们以企业的视角来研究国际商务,我们想了解如何把参与到国际商务中的企业和没有参与到国际商务中的企业区分开来。因此,在这一部分我们讨论什么是企业、什么是企业生产率、如何度量企业生产率、哪些因素影响企业的生产率。具体教学目标如下:

(1)掌握企业的概念;

(2)掌握企业生产率的概念与度量;

(3)了解企业生产率的相关特征事实;

(4)理解影响企业生产率的因素;

(5)理解管理水平与企业生产率的关系。

2. 重要思政元素分析与相关知识板块

本部分内容的专业性较强,同时涉及经济学和管理学的内容,其

中蕴含了丰富的思政元素,值得在专业知识的讲授中得到体现。其主要的思政元素和相关的重点知识板块包括:

(1) 科学精神

本部分我们引入企业生产率的概念,这一概念可以在接下来的学习中帮助学生去区分参与和没有参与国际商务的企业。如何通过数据去度量企业生产率这一抽象的概念,体现了科学中的实证精神。在影响企业生产率的各种因素中,我们会谈到研发投入对企业生产率的促进作用,体现了科学精神中创新的维度。

(2) 公民品格

在涉及管理水平和企业生产率关系的讲授中,我们会讲解企业管理水平的度量,以及如何将这些管理具体应用到企业的实务中去。这些企业管理方面的道理和实操,如目标管理、激励管理和监督管理等,其实能够很好地应用到我们的个人管理中去。可以通过这些方法提升自己,为社会做出更大的贡献。

3. 思政教学案例

本章思政元素丰富。为做到课程思政"润物细无声"的教学要求,需要采用多种教学手段和策略,在教学中融入相关思政元素。以下列举两例:

案例一:科学精神之企业生产率的度量

过去30年的经济学研究中,人们开始越来越多地使用微观层面的数据。一类被广泛使用的数据就是企业层面的数据。正是这些跨国的企业层面数据在过去几十年中变得越来越可获得,促进了一大批关于企业生产率的实证研究,让我们对于企业生产率和企业发展有了更深入和全面的认识。这背后体现的就是科学中的实证精神。在数据越来越丰富和可得的今天,学生更加需要学习这种实证精神。

案例二：科学精神之企业管理水平的度量

在书店，我们可以经常看到关于企业管理方面的书籍。但这些介绍管理的书籍，主要是以单家企业或几家企业的案例切入，分析管理。如果从科学方法的角度来回答企业管理水平的提高能否带来企业生产率水平的提高，我们就需要对企业的管理水平进行直接度量。对管理水平度量的讲解就体现了科学方法和实证精神。

（三）出口企业

1. 专业教学目标

本章是国际商务课程的一个重要板块。出口是企业参与到国际商务中的一个主要方式。本章介绍出口企业的相关特征事实，一个简单的出口企业的模型，以及模型和特征事实是如何联系的。具体教学目标如下：

（1）了解出口企业的相关特征事实；

（2）掌握一个简单的出口企业模型；

（3）用模型联系事实。

2. 重要思政元素分析与相关知识板块

本部分内容的专业性较强，同时涉及数据和模型，其中蕴含了丰富的思政元素，值得在专业知识的讲授中体现。其主要的思政元素和相关的重点知识板块包括：

（1）科学精神

在完成这一部分的理论模型讲解后，我们会讨论模型如何与出口企业的特征事实联系起来，进一步启发学生去讨论理论结合实际的含义——我们从这样的理论中学到了什么。在科学研究中，理论是实证的基础，实证进一步发展理论。正所谓，"无理论不实证，无实证不科学"。

(2) 政治认同和家国情怀

在过去几十年的经济发展过程中,中国涌现了一大批有国际竞争力的企业,在 2013 年,中国首次超越美国成为世界货物贸易第一大国。对这一背景和相关企业案例的介绍,有助于学生认同中国共产党的领导,认同中国特色社会主义发展道路,有助于树立民族自豪感。

3. 思政教学案例

本部分思政元素丰富。为做到课程思政"润物细无声"的教学要求,需要采用多种教学手段和策略,在教学中融入相关思政元素。以下列举两例:

案例一:中国的外贸发展①

据 WTO 统计数据,2013 年,中国超越美国成为世界货物贸易第一大国,进出口总额比美国高出 2 500 亿美元。而仅仅在 3 年前的 2010 年,中国货物进出口总额还落后美国 2 700 亿美元以上。中国出口跃居世界第一,是长期坚持改革开放的结果。十一届三中全会以来,中国实施对外开放政策,抓住经济全球化的机遇,全面参与国际分工合作,积极发展与世界各国的经贸往来,推动对外贸易不断迈上新台阶。改革开放之初的 1978 年,中国货物进出口仅 206 亿美元,居世界第三十二位。35 年间,中国进出口总额年均增长 16.4%,几乎每四年翻一番。现在中国每两天的贸易额就超过 1978 年全年。在这个背景下,讨论几个典型的出口企业案例,有助于更加直观地帮助学生理解中国人民和中国企业的奋斗,有助于学生树立民族自豪感。

案例二:出口企业模型的理论含义

在国际贸易学研究中,一个重要的问题就是研究贸易收益的来

---

① 此案例数据见 stats.wto.org。

源。我们学习的这个简单的出口企业模型,其实也能提供一个贸易收益来源的新视角。通过这个点的深入讨论,激发学生对科学方法论的兴趣,以及去关注科学方法论如何帮助我们更深刻、更清晰地认识这个世界。

(四)跨国企业数据

1. 专业教学目标

本章是国际商务课程的一个重要板块。本章介绍跨国企业的定义、相关的数据和特征事实。具体教学目标如下:

(1)掌握跨国企业的定义;

(2)了解跨国企业的相关特征事实。

2. 重要思政元素分析与相关知识板块

本部分内容的专业性较强,同时涉及很多数据,其中蕴含了丰富的思政元素,值得在专业知识的讲授中体现。其主要的思政元素和相关的重点知识板块包括:

(1)政治认同

从跨国企业发展的历史经验来看,控制住规模因素的情况下,一个国家的人均国内生产总值越高,这个国家的向外投资就越多,与这个国家接触的其他国家也越多。未来将会有越来越多中国的跨国企业,中国市场对于跨国企业的重要性也将会越来越大。以此入手,可以引导学生对于中华民族伟大复兴中国梦的认可,对中国共产党领导的认可。

(2)家国情怀

最近 30 年来,世界 500 强企业榜单上中国企业的数量有了明显的增长。中国企业在世界商业舞台上发挥着越来越重要的作用和影响。这些都能引导学生对祖国和民族产生自豪感,激发学生为国家发展奋斗的动力。

3. 思政教学案例

本部分思政元素丰富。为做到课程思政"润物细无声"的教学要求,需要采用多种教学手段和策略,在教学中融入相关思政元素。以下列举一例:

案例:中国的世界 500 强企业[①]

2021 年度《财富》世界 500 强榜单显示,2021 年上榜的中国企业数量达 143 家,较上年增加 10 家,上榜企业数量再次超过美国的 122 家,蝉联榜首。从这个世界 500 强榜单可以看到中国经济的韧性、潜力、发展空间,以及我们科技创新推动经济高质量发展的内生动力。这也是我们 2020 年统筹疫情防控和经济社会发展,宏观政策有力、有效,有力地支撑了这些企业的核心竞争力。可以此引导学生认同中国共产党的领导和中国特色社会主义发展道路。

(五)横向国际直接投资模型

1. 专业教学目标

本章是国际商务课程的一个重要板块。本章介绍横向国际直接投资的概念、横向国际投资模型,以及模型与特征事实是如何联系的。具体教学目标如下:

(1)掌握横向国际直接投资的概念;

(2)了解横向国际直接投资的模型。

2. 重要思政元素分析与相关知识板块

本部分内容的专业性较强,同时涉及数据和模型,其中蕴含了丰富的思政元素,值得在专业知识的讲授中体现。其主要的思政元素和相关的重点知识板块包括:

---

① 此案例数据整理自 www.caifuzhongwen.com。

(1) 科学精神

在完成这一部分的理论模型讲解后,我们会讨论模型如何与跨国企业的特征事实联系起来。进一步启发学生去讨论理论结合实际的含义——我们从这样的理论中学到了什么。在科学研究中,理论是实证的基础,实证进一步发展理论。正所谓,"无理论不实证,无实证不科学"。

(2) 家国情怀

在完成这一部分的理论模型讲解后,可以通过案例的形式,介绍一些中国的跨国公司,引导学生对中国企业奋斗的认同。

3. 思政教学案例

本部分思政元素丰富。为做到课程思政"润物细无声"的教学要求,需要采用多种教学手段和策略,在教学中融入相关思政元素。以下列举一例:

案例:横向国际直接投资模型的理论含义

在学习横向国际直接投资模型的基础上,我们可以进而讨论其他因素的变化对企业选择出口或者直接投资的影响。通过对这个点的深入讨论来激发学生对科学方法的兴趣,以及去关注科学方法论如何帮助我们更深刻、更清晰地认识这个世界。

(六) 纵向国际直接投资模型

1. 专业教学目标

本章是国际商务课程的一个重要板块。本章介绍纵向国际直接投资的概念和纵向国际直接投资模型。具体教学目标如下:

(1) 掌握纵向国际直接投资的概念;

(2) 了解纵向国际直接投资的模型。

2. 重要思政元素分析与相关知识板块

本部分内容的专业性较强,同时涉及数据和模型,其中蕴含了丰

富的思政元素,值得在专业知识的讲授中体现。其主要的思政元素和相关的重点知识板块包括:

(1) 科学精神

在完成这一部分的理论模型讲解后,我们会讨论模型如何与出口企业的特征事实联系起来,进一步启发学生去讨论理论结合实际的含义——我们从这样的理论中学到了什么。在科学研究中,理论是实证的基础,实证进一步发展理论。正所谓,"无理论不实证,无实证不科学"。

(2) 生态文明

在完成这一部分的理论模型讲解后,可以引入一些自然环境变化对国际供应链影响的案例,引导学生对于生态文明和可持续发展的关注。

3. 思政教学案例

本部分思政元素丰富。为做到课程思政"润物细无声"的教学要求,需要采用多种教学手段和策略,在教学中融入相关思政元素。以下列举两例:

案例一:纵向国际直接投资模型的理论含义

在学习纵向国际直接投资模型的基础上,我们可以进而讨论其他因素的变化,如中间投入产品关税的变化对公司结构选择的影响。通过对这个点的深入讨论来激发学生对科学方法的兴趣,以及去关注科学方法论如何帮助我们更深刻、更清晰地认识这个世界。

案例二:福岛地震和国际供应链

2011年3月11日,日本东北太平洋地区发生里氏9.0级地震,相继发生海啸,该地震导致福岛第一核电站、福岛第二核电站受到严重的影响。此次地震,使得日本东北地区很多企业停工,特别是汽车相关行业的停工,导致国际汽车供应链的紧张。通过案例,可以引导学生对于自然生态和可持续发展的关注。

（七）公司所得税和跨国企业

1. 专业教学目标

本章是国际商务课程的一个重要板块。这一部分介绍跨国企业的所得税征收原则和跨国企业的避税手段。具体教学目标如下：

(1) 掌握跨国企业所得税的征收原则；

(2) 了解跨国企业的避税手段。

2. 重要思政元素分析与相关知识板块

本部分内容的专业性较强，其中蕴含了丰富的思政元素，值得在专业知识的讲授中体现。其主要的思政元素和相关的重点知识板块包括：

(1) 法治意识

对跨国企业的征税，已经成为一个全世界关注的问题。像星巴克、元宇宙和苹果这样的超级跨国公司实际面临的公司所得税税率却比很多中小企业还低。通过对本章内容的教学来引导学生对于法律的关注，激发学生的法律意识。

(2) 全球视野

看待和分析跨国公司的征税问题，必须是以跨国和全球的视野来看待问题，引导学生在看待和分析问题时保持国际视野。

3. 思政教学案例

本部分思政元素丰富。为做到课程思政"润物细无声"的教学要求，需要采用多种教学手段和策略，在教学中融入相关思政元素。以下列举一例：

案例：星巴克如何在英国避税

2012年，英国《卫报》和《泰晤士报》披露，星巴克在英国经营的14

年中,仅缴纳了860万英镑的公司税,尽管其销售额高达30亿英镑。星巴克通过将利润转移到低税率国家,如荷兰和瑞士,来降低税负。具体做法包括在荷兰设立一家空壳公司,负责管理欧洲的特许经营费和版权费,这些费用随后转移到瑞士,从而大幅减少在高税率国家的应税利润。2012年底,面对公众和媒体的压力,星巴克承诺在未来几年内自愿缴纳2 000万英镑的税款,以改善其企业形象。

第七章　世界经济学课程思政教学指南

一、世界经济学课程简介

(一)课程主要内容

世界经济学是整个世界经济研究领域中各门学科的基础课程,课程内容涵盖世界经济学的基本知识和理论。课程涵盖了世界经济和国际贸易的理论与实践。课程内容主要涉及世界经济、经济全球化、科技革命、不同类型市场经济体制的形成与变迁、区域一体化、多边贸易体制、国际货币体系与金融自由化、国际直接投资与跨国公司、世界经济发展不平衡、世界经济周期与危机的新发展、人口资源环境与世界经济可持续发展、改革开放和中国国际经济地位的变化、世界经济深刻变化中的中国经济等部分。团队教师在课程教学中充分结合当前世界经济与贸易发展的总体形势,积极融入最新、最贴合理论的世界经济案例,探索课程思政的创新形式。

(二)教学目标

1. 专业教学目标

通过世界经济课程的教学,帮助学生掌握世界经济主要理论与知识,掌握世界经济周期运行的基本逻辑,厘清世界经济发展的主

要脉络和未来趋势,掌握跨国公司在世界经济运行中的重要作用,了解中国在世界经济中的当前位置和深刻变化。具体教学目标如下:

(1) 掌握世界经济学的基本分析工具,培养基本的世界经济学思维。本课程涉及多学科交叉内容,旨在培养学生整体性、系统性的思维方式,培养多学科复合型人才。

(2) 掌握世界经济学的基本概念和经典理论,并让学生了解世界经济学前沿思想和最新的学术观点。

(3) 能够解读世界经济运行特征,掌握国际贸易、金融市场和跨国投资全球化的运行机理。

(4) 运用宏观经济数据分析世界经济形势。本课程既涉及国际经济视野,又落脚到中国经济改革和发展中。培养学生开阔国际视野、扎根中国问题的意识。

(5) 能够运用基本理论和方法分析一些重要的热点问题。

2. 课程思政教学目标

本课程结合课程特色、目标人群,充分对接如下的课程思政教学目标(见表7.1)。

表 7.1　　　　　　　　世界经济学课程思政指标体系

一级指标	二级指标	本课程对二级指标点的展开
政治认同	拥护中国共产党;理解并认同中国特色社会主义道路	在世界经济一体化过程中,在中国共产党领导下的中国特色社会主义发展极大地推动经济全球化朝着更加开放、包容、普惠、平衡、共赢的方向发展,在教学过程中,通过情境主题的确立指向政治认同;进一步,通过情境内容的选择凸显政治认同;最后,情境议题的开展升华政治认同

第七章　世界经济学课程思政教学指南

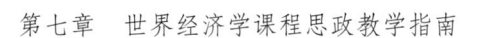

续表

一级指标	二级指标	本课程对二级指标点的展开
爱国情操	热爱祖国；认同并践行中华民族伟大复兴的中国梦	让学生了解我国经济发展的历程、新中国的成立、改革开放、构建人类命运共同体思想的提出、"一带一路"倡议、"亚投行"组建、G20杭州峰会等相关素材都将激发学生对祖国更深的热爱，树立实现中国梦的理想并付诸行动
文化自信	了解并认同中华优秀传统文化；了解并认同中国共产党的革命文化；了解并认同中国特色社会主义文化	文化不仅对国家的发展具有重要的影响与作用，而且对世界经济的发展具有重要的意义。中国政府提出构建和谐世界的政策理念，是基于中国共产党成立一百周年来带领中国人民建立新中国，从站起来、富起来再到强起来的发展经验总结而来，经受了时间的检验
公民意识	诚实守信、遵守社会规范；具备完整的社会责任感；具备现代法治意识；具备包容精神	市场经济是法治经济、道德经济、信用经济，没有公民意识，市场就难以健康运作。我们的教学目的之一是培养市场经济所需要的具有公民意识的理性经济人。强化公民意识是我国社会主义市场经济进一步发展的需要。对于不同市场经济体制的认识以及相应的公民意识的差异性分析是对学生分析能力的有效训练，也是增强公民意识的合理方法
科学思维	具备严谨的逻辑思维；具备基本的数据验证思维；具备探索和求真的意识	世界经济学的基本知识和理论都来源于对世界经济发展的长期观察和思考，基于特定案例的分析，以培养学生积极思考、探索求真的科学精神
国际视野	了解国际政治与经济的基本格局；理解中国在国际格局中的方位；掌握分析国际政治与经济问题的思维框架	世界各国的经济发展既有统一性又有差异性，既有复杂特殊性，也有简单规律性。从全球视野看经济发展，既能帮助学生客观了解和认识世界经济格局，又能激发学生服务国家的热情，培养学生寻求中国解决方案的意识

续表

一级指标	二级指标	本课程对二级指标点的展开
专业精神	追求专业的精通与卓越；精通国际经济与贸易的专业知识；能够用专业知识分析现实国际经贸问题	从世界经济学的角度，认识经济运行的基本规律，认识全球经济一体化实现的基本载体，并能够结合实际问题对于基本的世界经济学原理进行不断总结和反思，树立学生的专业自信，坚定学生以专业知识服务国家的理想和信念

（三）教学资料

1. 指定教材：《世界经济概论》编写组. 世界经济概论[M]. 北京：高等教育出版社，2011.

2. 参考教材：张幼文，等. 世界经济学[M]. 上海：上海财经大学出版社，2006.

3. 参考刊物：《国际贸易》《世界经济》《经济研究》。

（四）在人才培养中对立德树人的支撑作用

通过课程的学习，以世界经济学的专业基础知识、专业理论学习和专业技能的训练，支撑学生的经济学素养和思维的养成；以教学过程的核心案例的使用（特别是在国家发展重大转变过程中或涉及并服务于国计民生的各项经济产业政策的贡献），支撑学生家国情怀的提升；以课堂互动式授课、课后作业、小组讨论、与案例分析结合，支撑学生经济学素养的形成，并关注世界经济，夯实学生的团队合作能力。

二、世界经济学课程各章节思政教学指南

（一）绪论

1. 专业教学目标

（1）了解世界经济这门学科关注的世界经济的运行规律；

(2)了解世界经济运行背后的原因；

(3)思考如何用科学的方法来看待和找寻世界经济的运行规律；

(4)了解不同的世界观对世界经济的发展所产生的不同影响。

2. 重要思政元素分析与相关知识板块

(1)本章的教学内容

① 厘清世界经济这门学科的研究对象；

② 了解世界经济学的研究方法；

③ 了解世界经济学的发展历程；

④ 了解世界经济学的学习目的和任务。

(2)本章的思政教学元素

本章中思政元素丰富充分，在世界经济一体化进程中，在中国共产党领导下的中国特色社会主义发展极大地推动了经济全球化朝着更加开放、包容、普惠、平衡、共赢的方向发展；在教学过程中，通过情境主题的确立指向政治认同，进一步，通过情境内容的选择凸显政治认同；最后，情境议题的开展升华政治认同。了解我国经济发展的历程，将激发学生对祖国更深的热爱，树立实现中国梦的理想并付诸行动。文化不仅对国家的发展具有重要的影响与作用，而且对世界经济的发展具有重要的意义。中国政府提出构建和谐世界的政策理念，是基于中国共产党成立一百周年来带领中国人民建立新中国，从站起来、富起来再到强起来的发展经验总结而来，经受了时间的检验。世界经济学的基本知识和理论都是来源于对世界经济发展的长期观察和思考，基于特定案例的分析，培养学生积极思考、探索、求真的科学精神。

通过学习，让学生认识到世界经济不是各国各地区经济的简单总和，而是相互联系、相互依存的有机整体。世界经济学科的研究对象既不同于国别经济,也不同于地区经济,不仅是国与国间的经济关系,而且其本身作为一个整体有其自身的运行特点。从全球视野看经济发展,既能帮助学生客观了解和认识世界经济格局,又能激发学生服务国家的热情,培养学生寻求中国解决方案的意识。

世界经济学科既具有历史性,又具有时代性;既要反映世界经济的整体性,又要反映各国各地区经济的区域性。应当把世界经济作为一个发展运动的有机体来研究,着力揭示其发展变化的规律。在研究方法上,既可以通过历史与逻辑相统一的方法,也需要有对立统一的辩证方法,还可以使用比较分析方法。同时,在观察和分析世界经济问题和走势时,不能忽视世界政治因素,以及经济学、金融学、贸易学、投资学诸多领域的基础理论,在对相关理论了解和掌握的基础上更鼓励学生多个角度观察世界经济。

从历史的角度对世界经济学科的产生与发展加以追溯,培养学生用唯物史观的方法去分析世界经济的运行规律。从世界经济学的角度,认识经济运行的基本规律,认识全球经济一体化实现的基本载体,并能够结合实际问题对于基本的世界经济学原理进行不断总结和反思,树立学生的专业自信,坚定学生以专业知识服务国家的理想和信念。

3. 思政教学案例

案例一:WTO与贸易争端——世界各国经济的相互联系

相互依存的实例,如WTO成员方不断增加,各国纷纷加入地区性经济合作组织。相互竞争的实例,如WTO运行的第一年中共处理50项贸易争端,如美国与欧盟的摩擦、中美贸易摩擦、美日贸易摩擦等。

案例二:中国的经济奇迹——中国改革开放对世界经济的影响

1978年改革开放伊始,中国的经济规模仅有3 679亿元人民币;而到2017年,中国国内生产总值(名义)已经高达82.71万亿元人民币(相当于12.2万亿美元)。中国已经成为世界第二大经济体,中国经济总量占世界经济的比重由1978年的1.8%上升到2017年的16%,仅次于美国。从经济增速角度看,1978—2017年,中国国内生产总值(GDP)的年均名义增速高达14.5%,刨除年均4.8%的通胀率,年均实际增速仍高达9.3%。从经济结构的角度看,中国工业化进程加快,第一产业、第二产业、第三产业的结构日趋合理化,第三产业逐渐占据主导地位。2017年,中国三大产业结构的占比分别为7.9%、40.5%和51.6%。第三产业的发展增幅已经超过第一、第二产业,成为拉动中国经济增长的主要力量。

(二)世界经济学课程第一章

1. 专业教学目标

(1)学生能够从历史观的角度对世界经济的形成和发展有全面的了解,成为学生学习和分析世界经济问题的基础;

(2)掌握各个重大历史事件对世界经济的冲击;

(3)学生开始思考两次世界大战对世界经济造成的影响,思考苏联社会主义制度建立对世界经济的影响和发达资本主义国家经济发展过程中的矛盾。

2. 重要思政元素分析与相关知识板块

(1)本章的教学内容

① 让学生了解世界经济形成的基础。世界经济是在国际分工基础上建立起来的,国际分工和世界市场的形成和发展的条件各不相同,世界市场成为连接各国经济的纽带,二者的共同作用推动了世界经济的形成和发展。

② 世界经济形成的历史进程是一个长期的过程,地理大发现带来

了世界经济的萌芽,英国的产业革命促进了世界经济的初步形成,第二次工作革命最终使世界市场建立起来。

③ 一些重大的历史事件对世界经济产生了较大的影响。

(2) 本章的思政教学元素

① 通过对以上知识的教学,让学生具备国际视野,了解国际政治与经济的基本格局,让学生掌握分析国际政治与经济问题的思维框架。

② 提高学生的政治认同和爱国情怀。第二次世界大战后,世界经济出现了一些新的特点,其中包括:美国经济霸权的确立和两极格局的建立、发达资本主义国家的新变化及矛盾、殖民体系的解体、发展中国家的行为。通过教学,让学生更加拥护中国共产党,理解并认同中国特色社会主义道路。

3. 思政教学案例

案例一:两次世界大战对国际政治经济格局的影响

通过两次世界大战案例,不仅能够让学生掌握重大冲击对于世界政治经济格局的深刻影响,而且能够从经济学的角度带领学生回归中国曾作为半殖民地半封建社会在世界大战中的屈辱史。既教授了世界经济的理论知识,使学生了解了世界经济格局,又能够让学生体会今日幸福生活来之不易,激发学生更加热爱国家、热爱中国共产党。

案例二:苏联的成立和解体对世界政治经济格局的影响

苏联曾作为世界政治经济的"两巨头"之一,其成立和解体的过程都有着诸多世界经济学的启示,也使学生对于中国特色社会主义经济市场的建立和发展有进一步的认识。

(三) 世界经济学课程第二章

1. **专业教学目标**

(1) 让学生掌握经济全球化的概念、动因和基本表现,以了解经济全球化的形成和具体表现。

（2）思考经济全球化对世界经济的影响，其中既包括经济全球化对发达国家的影响，也包括对发展中国家的影响。另外，经济全球化也产生了一些新问题，如贫富差距扩大，不确定影响因素增加，全球环境污染和生态危机等。

（3）世界经济发展的新阶段呈现一些新的特点，如世界经济格局有了变化，国际经济秩序面临着新的挑战；国际竞争日益加剧，加强国际经济合作成为必然。

2. 重要思政元素分析与相关知识板块

政治认同是科学精神、法治意识、公共参与有中国特色的共同标识，关乎学生的成长方向和理想信念的确立。通过以下知识的教学，使学生拥护中国共产党的领导，坚信中国特色社会主义是国家富强、民族振兴、人民幸福的根本保障，坚定中国特色社会主义道路自信、理论自信、制度自信和文化自信，成为有信仰的中国公民。让学生具备国际视野，了解国际政治与经济的基本格局，让学生掌握分析国际政治与经济问题的思维框架。

3. 思政教学案例

案例一：苹果手机

根据加州大学和雪城大学三位教授合写的论文《捕捉苹果全球供应网络利润》分析，2010年每台苹果手机，美国凭设计和技术获得58.5%的利润分成，组织生产的中国只占1.8%。从国际分工看，中国以低附加值的加工制造为主。中国手机行业供应链的话语权掌控在国外厂商手中，国产手机卖得再好，本质上还是高通（美国）的成功，是谷歌安卓的成功，是索尼传感器的成功。进一步探究的问题：（1）"中国劳动力"为什么只有1.8%的占比？这说明了什么问题？

（2）发达国家与发展中国家在经济全球化的大浪潮中分别有何得与失？这说明了什么问题？

案例二："新四大发明"

高速铁路、扫码支付、共享单车和网络购物被誉为中国的"新四大发明"。首先，溯源这些新发明新创造的背景，尤其要厘清背后的经济学推动力。其次，通过中国在新一轮技术革新中的中坚地位来强化学生的"四个自信"。

（四）世界经济学课程第三章

1. 专业教学目标

（1）了解科技革命要在六个领域展开，包括信息技术、新材料技术、新能源技术、生物工程技术、空间开发技术和海洋工程技术。

（2）了解科技革命的特点体现。

（3）了解科技革命在 21 世纪新的发展趋势。

（4）理解科技革命对经济社会的影响。

2. 重要思政元素分析与相关知识板块

（1）本章的教学内容

① 科技革命的特点体现为以下五个方面：涉及领域和参与国家更加广泛；科技革命和军事发展密切相关；科学和技术革命同步发展，并形成"科学-技术-生产"一体化；科技发展在生产中的应用得到了政府的有力支持；信息成为重要的生产要素，信息产业发展迅速。

② 21 世纪科技革命新的发展趋势，具体体现为科技创新出现集群突破；重大创新更多地出现在学科交叉领域；创新速度不断加快，原创性的地位日益突出；科技与经济、教育、文化、社会等的联系日益紧密，国际科技交流与合作日益广泛；科技革命对经济社会的影响日益巨大，即生产力有巨大的推动作用，带动了产业结构的升级并给世界

经济带来深远的影响。

(2) 本章的思政元素

中国共产党成立一百周年来带领中国人民建立新中国,从站起来、富起来再到强起来的发展经验经受了时间的检验。科技进步对经济发展的促进作用对于学生加强政治认同、增添爱国情怀、提高文化自信都有着重要影响。

3. 思政教学案例

案例一：华为5G与"孟晚舟事件"

从世界经济的角度理解美国为什么要对中国进行技术封锁和"卡脖子"。另外,要从我国科研基层工作者不屈不挠的精神出发,在学生心中树立牢固的"科技报国、知识报国"的理念。

案例二：我国"天和"号空间站核心舱发射

"天和"号空间站核心舱发射背后连接着众多上下游产业的发展,如材料、电子等,创造大量就业与经济效益,彰显强大经济辐射力。同时,它也是国家综合实力的体现,提升国际影响力,吸引更多国际合作与资源,推动经济全球化良性发展。这背后是无数科研人员的默默奉献,展现出坚韧不拔的民族精神与强大的凝聚力,激励学生树立家国情怀,为国家经济发展与科技进步而努力,深刻理解个人与国家发展的紧密联系。

(五) 世界经济学课程第四章

1. 专业教学目标

(1) 了解世界各国市场经济取向的改革；

(2) 了解发达国家市场经济体制的调整与演变；

(3) 了解发展中国家市场经济体制的建立与发展；

(4) 了解俄罗斯和东欧转型国家的市场化改革。

2. 重要思政元素分析与相关知识板块

(1) 本章教学内容

① 世界各国市场经济取向的改革,包括发达经济体、发展中经济体以及转型经济体经济发展的市场取向;同时,让学生意识到市场经济体制的多样性以及造成这种多样性的原因所在。接着进一步思考全球性市场经济的形成对世界经济的影响。

② 让学生掌握发达国家市场经济体制的调整与演变。这个过程中,经历了古典经济学理论与早期自由放任的市场经济,到 20 世纪 30 年代凯恩斯主义兴起,国家开始干预经济;20 世纪 80 年代以来新自由主义思潮兴起,即体现为不同的政策制定。

③ 让学生清楚发展中国家市场经济体制的建立与发展。发展中国家市场取向的经济改革和战略选择有不同的模式,而且在经济现代化过程中也面临着诸多的困难,但前景还是比较乐观的。

④ 让学生理解俄罗斯和东欧转型国家的市场化改革主要发生在第二次世界大战后,计划经济体制虽然取得了很大成就,但也带来了诸多问题,因此,20 世纪 90 年代他们使用休克疗法,却造成社会经济的混乱与倒退,这之后近 20 年的市场化改革,形成一些新的特点,也面临着一些新的问题。

(2) 本章的思政元素

公民意识的基本要求是诚实守信、遵守社会规范,具备完整的社会责任感、具备现代法治意识、具备包容精神。市场经济是法治经济、道德经济、信用经济,没有公民意识,市场就难以健康运作。我们的教学目的之一就是培养市场经济所需要的具有公民意识的理性经济人。强化公民意识是我国社会主义市场经济进一步发展的需要。对于不同市场经济体制的认识以及相应的公民意识的差异性分析是对学生分析能力的有效训练,也是增强公民意识的合理方法。通过基础理论知识的学习,可以提高学生的公民意识,使其进一步建立政治认同、提高文化自信。

3. 思政教学案例

案例一:罗斯福新政

罗斯福新政是20世纪30年代美国为应对经济大萧条而采取的一系列政策措施。主要包括整顿金融、以工代赈、调整工业和农业政策、建立社会保障体系等。它在一定程度上缓解了经济危机,促进了经济复苏,也开创了国家干预经济的新模式,对后世经济政策产生了深远影响。

案例二:苏联休克疗法

苏联休克疗法是20世纪90年代初苏联解体后俄罗斯等国采取的激进经济转型方案。由美国经济学家萨克斯提出,内容包括自由化、私有化和稳定化,试图通过快速放开价格、大规模私有化等手段,在短时间内实现从计划经济向市场经济的转变,但给俄罗斯等国带来了经济衰退、社会动荡等严重问题。

案例三:中国1978年改革开放案例

1978年改革开放是中国历史上的重大转折点。当年12月,党的十一届三中全会做出了改革开放的伟大决策,对内改革从农村实行家庭联产承包责任制开始,逐步拓展到城市;对外开放则设立经济特区,打开国门引进外资和技术,中国自此走上了经济快速发展的腾飞之路。

通过以上经济救济或改革的案例来理解李嘉图理论、休克疗法等理论在实践中的应用,探讨其成果或失败的原因,以及经济发展的规律,更进一步理解中国改革开放的巨大成果,以及中国特色社会主义的历史必然性和时代先进性。

(六)世界经济学课程第五章

1. 专业教学目标

(1) 掌握区域经济一体化的含义和类型；

(2) 了解区域经济一体化的发展过程及其现状；

(3) 理解区域经济一体化的经济影响。

2. 重要思政元素分析与相关知识板块

(1) 本章教学内容

① 让学生了解区域经济一体化的含义和类型，并掌握区域经济一体化发展的动因，分清区域经济一体化与经济全球化的关系。

② 让学生了解区域经济一体化的发展过程及其现状，其中包括一些较有影响力的区域经济一体化组织，如欧盟、美洲区域经济一体化组织、亚太区域经济合作组织、非洲区域经济一体化组织等。

③ 理解区域经济一体化的经济影响，其中包括区域经济一体化对成员国经济的影响、对地区经济的影响以及对世界经济的影响，其程度和影响效果各不相同。

(2) 本章的思政教学元素

习近平指出："在经济全球化时代，各国安全相互关联、彼此影响。没有一个国家能凭一己之力谋求自身绝对安全，也没有一个国家可以从别国的动荡中收获稳定。"[①]全球经济治理的"中国方案"——构建人类命运共同体思想及其实践正日益得到国际社会，尤其是广大发展中国家的普遍肯定和支持。注重引导学生理性分析、对比、辨识发达资本主义国家主导的"潜规则"和我国积极向世界贡献的"中国方案"，向学生展示"价值判断的基本观点"，进一步升华课堂的积极价值引领；

---

① 2015年9月28日，习近平在纽约联合国总部出席第七十届联大一般性辩论时发表的讲话。

让学生在共同探究中拓展全球化视野,感悟我国积极"走出去"的决心、信心和底气,领会人类命运共同体思想的影响力和感召力;让"和而不同"等中华优秀传统文化基因涵养学生心灵,进而坚定中国特色社会主义的道路自信、理论自信、制度自信和文化自信。

3. 思政教学案例

案例一:"一带一路"倡议

"一带一路"倡议是中国 2013 年提出的国际合作倡议,包括"丝绸之路经济带"和"21 世纪海上丝绸之路"。旨在借用古代丝绸之路的历史符号,依靠中国与有关国家既有的双多边机制,借助区域合作平台,共同打造政治互信、经济融合、文化包容的利益共同体。

案例二:英国"脱欧"事件

2013 年英国首相卡梅伦提出"脱欧"公投,2016 年 6 月英国全民公投决定"脱欧"。之后历经多任首相和多次波折,2020 年 1 月 31 日英国正式脱离欧盟。其原因包括移民问题、财政负担、主权诉求等,对英欧经济、政治等方面都产生了重大影响。

案例三:TPP 的前世今生

TPP 即跨太平洋伙伴关系协定,2002 年起源,2005 年由新加坡、新西兰、文莱、智利四国签署 P4 协定。2008 年后美、日等国加入。2015 年 12 国达成 TPP,但 2017 年美国退出,其余 11 国继续推进并于 2018 年形成《全面与进步跨太平洋伙伴关系协定》(CPTPP),2024 年英国加入。

通过以上案例,让学生理解经济全球化是在曲折中螺旋前进。尤其是近年来,贸易保护主义、单边主义抬头,经济全球化受到巨大挑战,中国的开放和发展正经历百年未有之大变局。要深刻理解开放对于中国经济发展的重要意义,中国在近些年经济全球化中的重要推动作用。要从经济理论出发理解"命运共同体"的理论和实践意义。

(七)世界经济学课程第六章

1. 专业教学目标

(1)了解国际贸易的发展与作用。

(2)了解国际贸易政策的演变。

(3)了解世界多边贸易体制的形成和发展情况。

2. 重要思政元素分析与相关知识板块

(1)本章的教学内容

① 让学生了解国际贸易的发展与作用,回顾了第二次世界大战以前的国际贸易,分析了第二次世界大战后国际贸易的发展与变化,并提示国际贸易在世界经济发展中的地位和作用。

② 帮助学生理解国际贸易政策在不断发生演变。讲述国际贸易政策产生的原因与作用,比较分析保护贸易和自由贸易政策,介绍20世纪90年代以来的新贸易保护主义。

③ 通过系统介绍关贸总协定与多边贸易谈判、WTO的建立及影响以及WTO面临的挑战和影响,让学生掌握世界多边贸易体制的形成和发展情况。

(2)本章的思政教学元素

本章的思政教学元素主要是通过各国贸易政策的比较,从经济优化的角度探讨贸易开放之于贸易保护、多边对话之于单边主义的优势,以增强学生的政治认同感。党的十八大以来,以推动构建人类命运共同体为引领,我国对外工作理论和实践创新取得一系列重大成果,国际影响力、感召力、塑造力进一步提高,为世界和平与发展做出新的重大贡献。其中的核心和精髓即推动构建人类命运共同体。使学生进一步认识到中国对世界开放格局的重要作用,以和平、交流、发展的眼光看待世界经济问题。

3. 思政教学案例

案例一：多哈回合陷入困境的原因与前景

多哈回合继承了乌拉圭回合谈判中的单一承诺方式，然而，由于各方都拒绝做出能达成共识的让步，多哈回合最终失败。发展中国家和发达国家都不愿降低关税。

案例二：2018年来中美贸易摩擦对中国、美国以及第三国的影响

2018年中美贸易摩擦的特点是产品范围广、对象国家广，中国是其主要的打击目标。从中美贸易摩擦多个回合着手，探究贸易摩擦对双边国家和第三方国家的重大影响，使学生具备开阔的胸怀、国际化的视野。

（八）世界经济学课程第七章

1. 专业教学目标

（1）了解国际货币体系的演变；

（2）理解金融自由化与金融创新；

（3）理解金融自由化和金融创新与金融风险之间的相互关系；

（4）理解金融危机与国际金融监管的必要性。

2. 重要思政元素分析与相关知识板块

（1）本章的教学内容

① 让学生了解国际货币体系的演变。首先回顾国际货币体系的演变历史，然后分析现行国际货币体系的主要特征，再分析现行国际货币体系对世界经济的影响。

② 让学生掌握金融自由化与金融创新。展示金融自由化的发展及其影响，了解金融创新的内涵与特征，并分析金融创新的正负影响。

③ 综合分析金融自由化和金融创新与金融风险之间的相互关系。

④ 让学生认识到金融危机与国际金融监管的必要性。让学生了解国际金融危机的发展演变与特点,分析金融危机对世界经济的影响,揭示国际金融监管与协调的重要性。

(2) 本章的思政教学元素

通过比较美联储量化宽松政策和中国人民银行刺激经济的行为,从经济政策的目标考量二者货币政策的异同。从而使学生认识到我国"为最广大人民谋福利"的底层逻辑和政策目标,增强学生的政治认同感。通过比较分析法认识各国金融化工具。理解"打好防范化解金融风险攻坚战"的必要性,原因在于我国进入高质量发展的关键时期,金融风险的隐蔽性、全面性、复杂性使得党和国家必须高度重视防控金融风险,维护金融安全。

3. 思政教学案例

案例一:美元霸权

凭借强大的经济实力,美元成为国际储备货币和主要结算货币,掌控全球金融话语权。美国借此随意挥舞制裁大棒,利用货币政策收割他国财富,像拉美债务危机、亚洲金融危机,都有美元霸权的影子。这一现象让学生认识到国际经济秩序存在不合理性。激发学生的责任感,思考如何提升国家经济实力与金融话语权,维护经济安全,培养学生的国际视野与爱国情怀,为国家经济发展贡献力量。

案例二:亚洲金融危机

20世纪90年代,泰国放弃固定汇率制引发连锁反应,多国货币大幅贬值,股市暴跌,企业倒闭,失业率飙升。这一危机凸显了国际金融市场的复杂与脆弱,也反映出部分国家经济结构不合理、金融监管缺失等问题。教学中,引导学生思考危机根源与应对策略,激发学生对国家经济安全的关注,培养严谨的治学态度和社会责任感,激励他们为完善我国金融体系、维护经济稳定而努力学习。

(九) 世界经济学课程第八章

1. 专业教学目标

(1) 生产国际化与国际直接投资的发展;

(2) 国际直接投资格局的变化;

(3) 跨国公司的发展及其对世界经济的影响。

2. 重要思政元素分析与相关知识板块

(1) 本章的教学内容

① 让学生了解生产国际化与国际直接投资的发展。让学生了解国际直接投资的动因和方式,分析生产国际化对国际直接投资发展的影响,回顾第二次世界大战后国际直接投资的发展。

② 让学生掌握国际直接投资格局的变化。分析国际直接投资国别结构、产业结构的变化及其原因,让学生了解国际产业转移与区域经济集团国际直接投资的内部化趋势。

③ 通过综合分析跨国公司的发展及其对世界经济的影响,帮助学生了解跨国公司的产生和发展历程,掌握跨国公司对世界经济的正负影响。

(2) 本章的思政教学元素

从生产国际化着手,本章思政教学元素主要有以下两点:一是研究中国"引进来,走出去"发展战略对中国经济发展的重要助力,二是研究在国际化生产中中国目前的地位和未来发展趋势。通过改革开放40年的辉煌成绩,使学生认识到中国经济的发展离不开世界经济,以及中国目前在国际生产分工关系中还有哪些不利因素,还要认识到中国经济的腾飞最终要靠本国的技术追赶和产业升级。引导学生树立"科技报国、知识强国"的坚韧信念。

国际视野要求学生认识到世界经济发展的统一性和差异性并存,

复杂特殊性和简单规律性辩证统一。本章旨在帮助学生客观了解和认识世界经济格局,同时激发学生服务国家的热情,培养学生寻求中国解决方案的意识。

3. 思政教学案例

案例一：打击"避税天堂"

2021年6月,西方七国就"全球最低税"形成初步共识。首先,了解"避税天堂"对纳税税基的削减作用。其次,探讨"全球最低税"对发起国公司税收的影响以及可行性。最后,探讨"全球最低税"对中国的影响。

案例二：微软与耐克的外包模式

比较微软与耐克两种不同的外包、投资生产方式,了解跨国公司或跨国生产最主要的两种方式。

(十)世界经济学课程第九章

1. 专业教学目标

(1) 了解世界经济发展不平衡的现状;

(2) 理解导致世界经济发展不平衡的原因;

(3) 理解世界经济发展不平衡对世界政治经济的各个领域产生的重大影响。

2. 重要思政元素分析与相关知识板块

(1) 本章的教学内容

① 让学生能够理解世界经济发展不平衡表现在以下方面：发达国家与发展中国家之间经济发展不平衡,发达国家之间的发展不平衡,发展中国家之间经济发展不平衡以及现阶段的全球经济失衡。

② 帮助学生明确导致世界经济发展不平衡的原因是多方面的,主要包括不公正、不合理的国际经济秩序,各国不同的历史因素和社会

经济条件,科技水平的差距以及各国经济体制和发展战略的差异等。

③ 学生应该知道世界经济发展不平衡对世界政治经济的各个领域产生了重大影响。必然带来国家间的经济矛盾与摩擦,并使其更加复杂化,也使世界政治经济格局在朝着多极化发展的过程中出现新的变化,并推动着构建国际经济新秩序的斗争不断向前发展。

(2) 本章的思政教学元素

世界政治经济发展格局正发生巨变,"新冠"疫情使得我们对百年未有之大变局有了更加清醒的认识。世界经济发展的历史进程、现有格局以及未来的发展趋势是本章的思政教学重点。我们要清醒地认识到中国经济发展的历史脉络、与世界经济发展的耦合关系。

如何树立正确的世界经济发展观是本章思政教学的主要元素。在专业技能培养方面,从世界经济学的角度认识经济运行和发展的基本规律,并能够结合实际问题对基本的世界经济学原理进行不断总结和反思。

3. 思政教学案例

案例一:波音飞机的全球价值链

波音飞机生产阶段的零配件在各国分配,以及各国国内增加值比重。尤其要启发学生认识到中国的贸易体量大,但是国内增加值并不高。

案例二:电影《走出非洲》

借电影《走出非洲》,探讨非洲殖民地经济发展的制约因素,思考如何反驳西方媒体抹黑中国援助非洲是"新殖民主义"。

(十一) 世界经济学课程第十章

1. 专业教学目标

(1) 了解主要的经济周期理论;

(2) 了解世界经济周期与危机都呈现与第二次世界大战前相比不同的特点；

(3) 理解影响第二次世界大战后世界经济周期与危机变化的主要因素。

2. 重要思政元素分析与相关知识板块

(1) 本章的教学内容

① 让学生能够理解主要的经济周期理论，特别是马克思主义经济周期论，知晓按时间长短、特点和性质的不同区分不同经济周期的类型，把握世界经济周期的内涵。

② 让学生清楚伴随着世界经济周期的波动，第二次世界大战后大规模的世界经济危机发生了八次，世界经济周期与危机都呈现与战前相比不同的特点。

③ 让学生掌握影响第二次世界大战后世界经济周期与危机变化的主要因素包括科技革命、政府对经济生活的全面调节和干预、经济结构的变化、信用经济的高度发展。

(2) 本章的思政教学元素

辩证思维是本章强调的最重要的思政教学元素，其中，辩证看待经济周期的特殊性和一般性是本章的思政教学重点。经济周期运行的特殊性在于，每次经济周期的代表性事件不同、危机诱发机制不同、政策激活工具不同。经济周期运行也存在一般规律性。本章从专业技能的角度，引导学生学习从一般到特殊的演绎推理能力，以及从特殊到一般的归纳推理能力。

3. 思政教学案例

案例：瑞·达利欧的视频案例《经济机器是怎样运行的》

探讨经济波动的短周期、长周期。

第七章　世界经济学课程思政教学指南

（十二）世界经济学课程第十一章

1. 专业教学目标

（1）了解世界经济发展中的人口问题；

（2）了解世界经济发展中的资源问题；

（3）了解世界经济发展中的环境问题；

（4）理解世界经济可持续发展战略。

2. 重要思政元素分析与相关知识板块

（1）本章的教学内容

让学生能够理解世界经济发展中的人口问题很严重。一方面，人口增长与经济发展之间产生了巨大矛盾；另一方面，人口增长与资源利用之间的矛盾也在增加；此外，人口增长与环境保护之间也存在矛盾。

① 学生要意识到世界经济发展中的资源问题同样严重，主要体现在世界土地资源、水资源、能源等方面。

② 世界经济发展中的环境问题日趋严重：全球气候变暖、酸雨蔓延、危险性废物的转移与处置、生物多样性遭到严重破坏。

学生需要了解世界经济可持续发展战略的形成及其具体内容，思考世界可持续发展的条件和途径。

（2）本章的思政教学元素

本课程强调的科学思维在于基于对世界经济发展的长期观察和思考，以及对特定案例的分析，帮助学生树立积极思考、探索求真的科学精神。

首先，通过世界经济发展中的人口、资源、环境等制约因素，培养学生的忧患意识。这与我国传统文化中"生于忧患，死于安乐"的理念一致。培养学生掌握优化资源配置的经济学基本理论。其次，在世界经济发展制约因素中培养学生的矛盾观。经济要素之间是矛盾着的双方,既对立又统一,从而推动着世界经济的发展。要帮助学生树立认识事物的发展观、矛盾观。最后,从可持续发展战略出发,探究中国特色社会主义发展观的先进性、解决中国问题的现实力量,激励学生从现实问题出发,理解相关政策的理论和实践意义。

3. 思政教学案例

案例一:日本的银发经济

中国也面临着人口老龄化的重要问题,从日本的银发经济着手,探讨有哪些成果经验值得中国借鉴,中国还有哪些特色问题需要通过中国化的方式来解决。

案例二:"地球第八大陆"

"地球第八大陆"——太平洋上漂浮的巨型垃圾带,是极具警示意义的案例。它是全球经济高速发展、过度消费与废弃物处理不当的产物。快速工业化和贸易增长的背景下,塑料垃圾等随洋流汇聚成庞大垃圾团,严重破坏海洋生态,影响渔业、航运等经济活动。启发学生思考经济发展与环境保护的关系,培养生态责任意识,明白经济发展不能以牺牲环境为代价,激励学生关注可持续发展,为构建绿色经济体系贡献力量。

(十三) 世界经济学课程第十二章

1. 专业教学目标

(1) 了解中国的改革开放;

(2) 了解中国的快速发展;

(3) 了解中国国际经济地位的提升。

2. 重要思政元素分析与相关知识板块

(1) 本章的教学内容

① 让学生系统地认识改革开放过程中中国广泛深入地参与世

经济,通过对中国现代史的简单回顾,清楚改革开放基本国策确立的必要性;介绍经济特区建立与对外开放逐步扩大的经验,了解中国特色社会主义市场经济体制的探索与建立过程。加入WTO是中国扩大开放的又一重要举措,中国互利的开放战略与对外开放的新格局已经形成。

② 学生需认清几个重要变化,其中包括中国的快速发展和国际经济地位得到提升。改革开放以来中国经济发展迅速,中国与世界经济的关系发生了历史性变化,中国的发展道路也对世界产生了影响。

学生需要了解世界经济可持续发展战略的形成及其具体内容,思考世界可持续发展的条件和途径。

(2) 本章的思政教学元素

本章从三个方面强化学生政治认同:

① 通过对比改革开放前后中国的经济,使得学生认识到中国为什么要进行改革开放、改革开放的历史意义,以及要坚定不移坚持更大范围的开放和更深刻的改革。

② 要使得学生认识到改革开放永远都在进行时,四十余年改革开放的过程并不是一蹴而就的,要深刻认识到今日中国的经济发展成果不是通过"等、靠、要"得来的,而是中国共产党带领中国人民不懈奋斗得来的。教育学生进一步牢记和学习以爱国主义为核心的团结统一、爱好和平、勤劳勇敢、自强不息的伟大民族精神以及以改革创新为核心的时代精神。

③ 通过中国国际经济地位的提升,强化学生的"四个自信"和"四个意识"。

3. 思政教学案例

案例一:亚投行对中国经济开放的助力作用

亚投行全称为亚洲基础设施投资银行,自2015年成立以来,助力共建"一带一路"国家基础设施建设。通过参与项目,中国企业拓展海外市场,输出优质产能,带动装备制造、工程建设等行业发展。这不仅为中国经济增长开辟新空间,而且彰显大国担当,增强民族自豪感。借此引导学生思考个人发展与国家战略的关联,激励他们提升专业素养,投身国家经济建设,为实现民族复兴而拼搏。

案例二:中国加入WTO后,对中国本身以及世界主要经济体的影响

中国加入WTO,是21世纪初期世界经济最重要的事件之一。有大量的学术研究围绕中国"入世"展开,其不仅影响了中国自身的经济贸易、产业格局、区域经济发展,而且对世界其他国家都有着深远的影响。在实践中,中国"入世"也有着重大的现实意义。

(十四)世界经济学课程第十三章

1. 专业教学目标

(1) 了解世界经济的发展趋势;

(2) 分析中国如何进一步提高对外开放水平;

(3) 思考如何推动构建国际经济新秩序。

2. 重要思政元素分析与相关知识板块

(1) 本章的教学内容

① 让学生系统地认识世界经济的发展趋势呈现与以往不同的特点,世界经济既给中国带来新机遇,又给中国带来了前所未有的新挑战,因此,中国必须引领发展机遇,创新发展理念。

② 学生需要思考中国如何进一步提高对外开放水平,发展和完善开放型经济,加快转变经济发展方式,提升中国经济整体实力,积极参与国际经济合作与竞争,在参与经济全球化过程中切实维护国家经济安全。

③ 让学生认识到为了推动构建国际经济新秩序,中国要积极参与世界经济治理机制改革,推动构建公正合理的国际经济新秩序。

（2）本章的思政教学元素

① 政治认同

本章在中国如何进一步提高对外开放水平、推动构建国际经济新秩序环节中，重点介绍我国在改革开放过程中取得的非凡成绩，创造了举世瞩目的"中国奇迹"，体现了政治制度的优越性，表明我们在中国经济发展的伟大革命和改革实践中，开辟出了正确的道路，即中国特色社会主义发展道路，有利于增强学生的政治认同、理论自信和道路自信。

② 国际视野

本章在世界经济的发展趋势中，系统讲述世界经济的发展溯源以及未来走向。这一部分引导学生对世界经济发展产生全面而清晰的大局观，引导学生在世界经济发展大框架下形成全球视野。

3. 思政教学案例

案例一："命运共同体"的提出及其在经济学中投射的理论和现实意义

党的十八大明确提出"要倡导人类命运共同体意识，在追求本国利益时兼顾他国合理关切"。中国的发展离不开世界经济环境，中国的发展也不以牺牲世界其他民族利益为前提。"人类命运共同体"的提出，彰显中国负责任的大国形象，反对"以邻为壑"，促进世界政治经济和平发展。

案例二：区域全面经济伙伴关系协定（RCEP）正式签署的重大意义

作为世界上参与人口最多、成员结构最多元、发展潜力最大的自贸区，RCEP正式签署不仅仅标志着东亚区域合作取得里程碑式进展，更是多边主义和自由贸易的胜利，必将为促进地区的发展繁荣增添新动能，为世界经济实现恢复性增长贡献新力量。

第八章 中级宏观经济学课程思政教学指南

一、中级宏观经济学课程简介

宏观经济理论是系统介绍国民经济运行、结构、核算和循环的理论,系统介绍国民收入决定模型,并据此介绍失业、通货膨胀、经济增长与经济周期等宏观经济基本理论,以及以财政政策、货币政策为主的宏观经济政策。

讲述宏观经济基本理论,应做到概念准确、层次分明、逻辑严谨,使学生对宏观经济理论有全面系统的了解,要注重培养学生进行总量分析的能力。通过本课程的学习,学生应对宏观经济运行机制有全面系统的了解,具有宏观经济发展趋势的预测能力,能用宏观经济学的基本理论和方法分析和解决问题,懂得如何预期和适应政府宏观经济政策的变化以及分析这种变化所带来的经济效应。

课程的常用教材为中国人民大学出版社出版的曼昆所著的《宏观经济学》,目前为2020年出版的第十版。

该课程的特色在于理论性与实践性都很强。一方面,重点讲授长期中国民收入决定理论、超长期经济增长理论和短期经济波动理论;另一方面,重点讲授宏观经济政策的应用,以问题为导向,采用研讨式教学、启发式教学、案例教学、情境教学等多种方法。课程强调对学生的社会责任和个人责任的引导,将社会主义核心价值观融入宏观经济学中的实际案例,运用中国宏观经济运行与发展中的具体案例,使学生充分认识到如何通过自身素质的提升来为推进经济社会进步贡献自己的力量。

二、中级宏观经济学课程思政教学目标

中级宏观经济学是国际经济与贸易专业的基础核心课程,是培养高校低年级学生经济理论基础和经济思维的主要课程。授课对象一般是大二的学生,将思政元素有机地融入专业教学,有助于引导学生树立正确的世界观、人生观和价值观,成长为有志于投身祖国经济建设的财经类人才。

就中级宏观经济学课程而言,根据其专业特征、知识特征和教学特征,其蕴含的思政元素主要可归于七大维度:政治认同、爱国情操、文化自信、公民意识、科学思维、国际视野和专业精神。

(一)政治认同

课程中有多处涉及中国和外国的案例比较。课程将运用以马克思主义为指导的中国特色社会主义理论来分析和解释当代中国经济发展的道路和成功经验,体现中国共产党领导下的社会主义制度的优越性和先进性。学生将意识到中国宏观经济政策的跨周期调节对于稳定和维护人民安全生产和生活的重要作用,从而拥护中国共产党、理解并认同中国特色社会主义道路。

(二)爱国情操

课程中的经济增长模块会向学生介绍长期中经济增长的成因,各国人均收入水平变化的长期趋势。一方面,学生可以看到中国自改革

开放以来,经济快速增长、老百姓生活水平稳步提高的巨大变化,会在内心深处激发热爱祖国的热情,认同并践行中华民族伟大复兴的中国梦。另一方面,当前中国经济面临增速放缓、结构转型动能不足、国际经济环境恶化、中美贸易摩擦等诸多问题。在教学中也要融入祖国面临的严峻挑战,使大学生自觉地把自身成长成材与国家未来发展命运紧密联系起来,潜移默化地培养民族自信心和为国奋斗的使命担当。

(三)文化自信

课程将介绍宏观经济指标,可以结合"曹操的年薪到底是多少"等小故事来介绍 CPI 等经济指数,潜移默化地让学生了解并认同中国的历史文化。课程将介绍如何通过宏观经济基础数据来判断全球宏观经济形势。后疫情时代,中国主要经济指标率先恢复性增长,经济运行稳步复苏,市场预期总体向好。由此让学生了解中国经济基本面长期向好,社会发展大局稳定,增强学生对中国特色社会主义文化的认同感。

(四)公民意识

制度在一国的长期经济增长中将发挥重要的作用,不仅包括基本的经济制度,而且包括一国的法律制度。无论是企业还是公民,在经济生活中都需要诚实守信、遵守社会规范,需要具备完整的社会责任感、现代法治意识和包容精神。

(五)科学思维

宏观经济学理论依赖科学的宏观经济数据分析和一般均衡的分析框架和方法。在整个课程的学习过程中,都注重引导学生用宏观经济的数据来判断宏观经济的走势,用中国的特征事实来验证宏观经济理论在中国的适用性。这个过程就是训练学生具备严谨逻辑思维的过程,也是训练学生具备基本的数据验证思维、探索和求真意识的过程。

(六)国际视野

经济全球化的推进使得一国宏观经济的生产和交换活动总是跨越国界的,因而宏观经济理论既会学习"封闭经济模型",也会学习"开放经济模型",并注重不同国家之间经济、社会和文化差异的比较。此外,经济从来都与政治有着千丝万缕的联系,宏观经济理论的学习也将在理解国际政治与经济基本格局的基础上进行,帮助学生理解中国在国际政治经济格局中所处的地位,掌握分析国际政治与经济问题的基本逻辑框架。

(七)专业精神

宏观经济学是国际经济与贸易专业的基础理论课程,其相关理论和研究方法、工具是学习后续国际经济学的基础。对于课程的学习,不仅要追求本课程专业知识的精通与卓越,而且要尽可能多地联系国际经济与贸易的专业知识,引导学生运用专业知识分析现实国际经贸问题。这些可以通过课堂的案例分析,以及小组作业的形式来完成。要求学生选择现实中的宏观经济问题,并利用宏观经济理论进行预测和分析。学生在这一过程中,将会学习如何主动地获取知识,提升理论联系实际的能力和团队协作的能力。通过对同一问题的不同视角的剖析,学生看待问题也将更加全面和立体,更加懂得思辨的重要性。

三、中级宏观经济学各章节思政教学指南

(一)引言

1. 专业教学目标

本部分是中级宏观经济学课程的开篇,为之后的学习提供一个整

体的分析框架和学习背景。具体教学目标如下：

（1）介绍宏观经济学的研究对象、研究意义、研究工具、宏观经济学流派等；

（2）介绍宏观经济数据：国内生产总值（GDP）、消费者物价指数（CPI）以及失业率。

2. 重要思政元素分析与相关知识板块

本部分意在激发学生学习宏观经济理论的兴趣以及了解宏观经济学的分析框架，授课内容覆盖面广，蕴含的思政元素比较丰富。其主要的思政元素和相关的重点知识板块包括：

（1）全球视野和政治认同

开篇一个重要的问题，就是宏观经济学的研究对象，包括通货膨胀、失业、经济增长和经济周期波动这四大宏观经济问题，以及开放经济中的国际收支问题。课程会在全球背景下探讨各国宏观经济的基本特征、经济的运行规律，不用国家之间经济增长动因的差异等。让学生在全球视野下学习经济理论，并用经济理论来分析和解释中国的宏观经济问题。在这一过程中，要贯穿我国创新、协调、绿色、开放、共享的新发展理念。

（2）科学思维

引言中会涉及宏观经济学供需均衡分析的模型，以及 GDP、CPI 等宏观经济指标的度量和分析。鼓励学生观察和分析各国的宏观经济数据在短期中的波动和在长期中的趋势，结合科学里的实证精神来分析各国宏观经济的历史、现状和走势。

3. 思政教学案例

案例一：政治认同与爱国情操

在讲授 GDP 等知识点的时候，可以借助图表和短视频等方式，将抽象的统计数据信息以可视化的方式形象地传达给学生。例如,借助B站一段名为"IFS世界GDP动态演化与经济预测"的6分钟短视频,直观展望了1960年到现在全球各国GDP数据的动态可视化排名。学生将会清晰地看到改革开放四十余年所带来的快速增长,中国从寂寂无闻一路赶超至经济总量全球第二的变化历程,无形中就提升了学生对中国特色社会主义道路的制度自信和中华民族伟大复兴的历史使命感。

案例二:科学思维

20世纪30年代大萧条时期,凯恩斯发表了通论,从有效需求不足的视角揭示了大萧条产生的原因,解决了推崇供给创造需求的萨伊定律无法解释的问题,并提出了刺激有效需求的政府干预手段,可以看作宏观经济学的起源。此后,宏观经济学的发展进程中诞生了多个流派,每一种理论都有其自身的假设和适用条件,当理论无法很好地解释实践时,就会催生新的理论,但经济学派的争论从未停止。通过对宏观经济学流派的介绍,引导学生认识到经济理论的发展在不断推陈出新,不能迷信理论,要有辩证思考的科学态度。

案例三:文化自信①

宏观经济学中的相关问题涉及对国家战略和行动的介绍,例如"一带一路"倡议、亚投行等。自2013年习近平主席提出"一带一路"倡议,截至2021年1月30日,中国与171个国家和国际组织签署了205份共建"一带一路"合作文件。该行动依赖中国与有关国家既有的双边和多边机制,借助既有的区域合作平台,旨在积极发展与沿线国家的经济合作伙伴关系,共同打造政治互信、经济融合、文化包容的利益

---

① 高乔."一带一路",风景这边独好[N].人民日报海外版,2021-06-26(07).

共同体、命运共同体和责任共同体。通过向学生介绍"一带一路"倡议、亚投行等政府主导的实践,展示中国包容谦和、利益共赢的大国形象。

(二)古典理论:长期中的经济

1. 专业教学目标

本部分属于基础知识板块,我们关注长期中的经济,包括封闭经济中 GDP 的来源和去向、通货膨胀理论、失业以及相应的开放经济模型。具体教学目标如下:

(1)国民收入的来龙去脉:什么决定了经济的总产出?国民收入是如何分配的?什么决定产品和服务的需求?产品和服务市场的均衡是如何达到的?

(2)通货膨胀:成因、影响和社会成本。

(3)开放经济模型:开放经济的核算恒等式是什么?如何利用开放小国模型来确定贸易收支和汇率?政府政策如何影响贸易收支和汇率?

(4)长期中的失业:自然失业率的含义、失业的原因以及如何理解实际经济中的失业行为。

2. 重要思政元素分析与相关知识板块

本部分内容的专业性较强,涉及理论讲授、指标测算和均衡模型分析等。其中蕴含了丰富的思政元素,可以体现在专业知识的讲授中。其主要的思政元素和相关的重点知识板块包括:

(1)专业精神

这部分内容涉及开放经济中国民收入恒等式经济意义的讲解,以及汇率和贸易收支等概念,与国际经济与贸易专业的知识衔接十分紧密。对于本部分知识点的学习和掌握本身就体现了专业精神。可以引导学生运用宏观经济学的理论知识来分析现实中的国际经贸问题,比如中美贸易摩擦等问题。

(2) 科学精神

古典经济理论模块的学习涉及很多基础指标的测算和均衡模型的求解。这样的实证过程本身就体现了科学精神。每一种均衡模型的介绍都会有模型的假设前提,也会引导学生思考假设前提与现实的吻合程度,以及理论在现实中的适用性,以此来培养学生辩证思维的科学精神。

(3) 政治认同、文化自信和爱国情操

这一模块中的很多知识点的介绍,比如中国的总量经济增长和人均收入水平的提高、中国货物贸易的蓬勃发展和投资水平的提升、稳定的失业水平、共同富裕的收入分配目标等,都可以展现中国特色社会主义制度的优越性和我国改革开放的巨大成就,强化学生的政治认同、文化自信和爱国情操。

3. 思政教学案例

案例一:全球视野和专业精神

后疫情时代最突出的特征是全球经济和政治不确定性的上升,中美竞争已经从贸易摩擦上升到技术、金融、地缘政治等方面的全方位对抗。一方面,中国必须重新评估在过去几十年中形成的全球生产和贸易合作格局,在一些关键和重点领域尤其需要确保在新形势下的产业链和供应链的安全。另一方面,在确保安全的同时,中国必须进一步推动更高水平的对外开放。在讲授开放经济模型时,结合贸易收支的影响因素,在理论上解释美国进口关税等贸易保护政策并不能改善美国的贸易收支。由此引导学生思考中美贸易摩擦多方面的原因,以及在当前背景下中国如何应对不确定的国际宏观经济格局。

案例二：科学思维

在失业指标度量的过程中，从联合国统计司关于"失业"的指导性定义入手，比较失业率统计指标在中国和美国的差异，比较中国官方的"城镇登记失业率"和国际通用的"调查失业率"的差异。引导学生理解失业统计指标的科学性，中国当前官方的"城镇失业率"统计与近年来试行的"调查失业率"的异同和优劣，引导学生的辩证思维和务实求真的科学精神。

案例三：爱国情操之绿色 GDP

在讲授 GDP 概念的时候，引导学生思考 GDP 概念核算可能存在的一些问题，科学认识 GDP 作为经济规模主要核算指标的重要性和不足。提醒学生实践中政府不能搞 GDP 崇拜，而应该关注经济的高质量发展，强调质量和结构。例如，引导学生关注绿色 GDP 的概念，了解绿色经济与高质量发展的认识与实践，理解国家"金山银山不如绿水青山"的理念所关注的问题。启发学生关注家乡所在省区的 GDP 与人均 GDP，特别关注家乡绿色经济发展的状况。结合碳关税的例子，让学生认同中国作为一个负责任大国的形象和在全球推进绿色经济的决心和行动。

案例四：政治认同和文化自信

中央财经委员会召开的第十次会议研究了扎实促进共同富裕等问题。分配问题是共同富裕的核心。会议强调，要构建初次分配、再分配、三次分配协调配套的基础性制度安排；要扩大中等收入群体比重，增加低收入群体收入，形成中间大、两头小的橄榄型分配结构。在讲授国民收入分配问题的时候，可以相应介绍中国当前收入分配的现状，以及中央最新的政策导向，由此引导学生辩证思考我国收入分配问题，既要肯定过去收入分配制度在刺激经济增长方面的历史进步性,也要客观承认现阶段所存在的问题。我国"十四五"规划已经将全体人民共同富裕取得更为明显的实质性进展作为远景目标,这也彰显了国家推进共同富裕的决心。由此也加深学生对于我国基本经济制度、收入分配制度的认同,加强对未来通过努力实现共同富裕的中国梦的信心。

(三)经济增长理论:超长期中的经济

1. 专业教学目标

经济增长理论是宏观经济学中的一个重要模块。这部分立足于超长期,利用索洛模型来考察资本积累、人口增长和技术进步等因素如何影响一国的收入水平,以及索洛模型和经济增长实践是如何联系的。具体教学目标如下:

(1) 掌握封闭经济下索洛模型及其稳定态求解。

(2) 理解资本积累与人口增长如何影响长期中一国的收入水平?

(3) 理解技术进步如何影响长期中一国的收入水平?

(4) 掌握如何利用"黄金定律"找到最优储蓄率和资本存量?

(5) 学会用增长理论联系实践。

2. 重要思政元素分析与相关知识板块

本部分内容的专业性较强,同时涉及数据和理论模型。其中蕴含了丰富的思政元素,可以体现在专业知识的讲授中。其主要的思政元素和相关的重点知识板块包括:

(1) 政治认同和家国情怀

经济增长模块涉及经济增长理论及其在现实中的运用。通过对十九大前后经济发展关键词的解读,以及十九大报告中体现的与宏观经济相关的国家战略的描述,引导学生加深对新时代我国社会主义现代化强国的总任务和经济高质量发展的宏观战略的理解,强化理想信念教育,将个人理想实现融入"中国梦"的伟大实践中。

(2) 科学思维和专业精神

经济增长模块将介绍经济增长的经典模型——索洛模型,通过将储蓄率、人口增长率、技术进步逐步引入模型,考察索洛模型的稳定态条件以及最优稳定态下黄金律水平的储蓄率。这样一种模型求解和均衡分析的过程,体现了实证主义的科学精神。此外,索洛模型强调,长期中的经济增长的源泉是创新。针对我国目前芯片等重要零部件被"卡脖子"的现象,引发学生思考自主创新与对外开放的辩证关系。还可以从老龄化的角度,引导学生在人口结构影响长期增长的理论框架下,科学评价我国曾经的计划生育政策和拟推行的延迟退休等政策。

(3) 国际视野

经济增长的速度在不同国家有快有慢,经济增长的模式在不同国家也有很大差异。可以引导学生去关注代表性发达经济体和代表性发展中经济体经济增长速度的差异、差异背后的原因,让学生在国际视野下分析中国经济长期增长的动力源泉。

3. 思政教学案例

案例一:政治认同和爱国情操

中国目前是全球 GDP 总量排名第二的国家,"入世"之后到"次贷"危机之前,经济总量以年均两位数的速度增长。人均收入水平的排名尽管远远不及总量排名,但是在改革开放的四十余年间也有了迅猛增长。中国过去的经济增长是出口导向的经济增长,有明显的投资驱动特征。这与美国内需导向的经济增长模式有很大不同,却是我国特定历史阶段行之有效的经济增长模式。我国的货物进出口总量近年来全球排名第一,我国是全球最大的出口国,也是重要的进口国。这是我国坚定不移地推进经济全球化、对外开放和对内改革带来的成果。在这个背景下,讨论中国经济增长的奇迹,有助于学生理解中国的改革开放史,增加对中国特色社会主义经济实践的认同和爱国情感。

案例二:双循环战略之道路自信和科学精神

结合中国未来经济增长的驱动力量,向学生介绍我国目前的双循环战略。从国内环境看:我国已经具备以国内经济大循环为主体的基础条件。从生产供给看,我国具有最完整、规模最大的工业供应体系,是全球唯一拥有联合国产业分类中全部工业门类的国家;从消费需求看,我国有超过 14 亿人口,人均 GDP 达到了 1 万美元,中等收入群体已超过 4 亿人,规模居全球第一。美国、日本等发达国家的经济增长规律也显示,在发展水平到了一定阶段后,都要逐步从以国际大循环为主的发展模式转变为以内需为主的发展模式。"国内国际双循环"是在新的时代节点上提出的一个夯实国内经济基础,引领新型全球化格局的理论和实践范式,不仅是应对国际环境变化的策略,而且是我国经济自主调整的内在选择。引导学生理解我国双循环战略提出的背景和意义,有助于加深学生对我国宏观经济战略的理解与认同,能够辩证地思考内外循环相互促进的关系。

案例三:中国制度型开放之法治精神和公民意识

双循环战略的实施需要更高水平的对外开放。不仅是产品市场、要素流动型的开放,更是制度型开放。比如,中性的贸易和投资政策,继续推进贸易投资便利化、自由化,优化营商环境,外商投资法的正式落地实施,外资准入负面清单的继续"瘦身"等方面。以制度性、结构性安排,促进世界各国相互开放、共同开放,积极参与全球治理和国际经贸规则重构。引导学生理解双循环战略实施的重要条件是制度型开放,良好的制度环境为国家持续稳定增长创造了条件,每一个公民都应当有法治精神和公民意识。此外,还可以引导学生重温中国改革开放的历史进程,从 1978 年开始的经济特区与沿海开发开放,到 2001 年年底"入世"在货物和部分服务领域的开放,以及当下的制度型开放的完整历程,加强对于中国特色社会主义道路的制度自信。

（四）经济波动理论：短期中的经济

1. 专业教学目标

经济波动理论是宏观经济理论中的一个重要模块,立足于短期,重点考察短期中的经济均衡,以及外部冲击和宏观经济政策(财政政策和货币政策)等会如何影响经济在短期的均衡。经济波动理论能够帮助我们理解短期中的经济周期波动,以及政府和央行如何设计政策来进行宏观调整,平滑短期中的经济波动。其主要专业教学目标如下：

(1) 掌握总需求理论：IS-LM 模型；

(2) 掌握开放经济的总需求理论：蒙代尔-弗莱明模型；

(3) 理解短期与长期中的总供给理论以及菲利普斯曲线；

(4) 学会利用总需求与总供给模型来分析短期和长期的波动效应；

(5) 了解对大萧条问题的多种解释。

2. 重要思政元素分析与相关知识板块

短期经济波动这部分内容的专业性也较强,涉及总需求-总供给模型的均衡分析框架,以及该框架指导下宏观经济政策及其有效性的评价。其中也蕴含了丰富的思政元素,可以体现在专业知识的讲授中。其主要的思政元素和相关的重点知识板块包括：

(1) 全球视野

经济波动理论证实,短期中,国民收入还会受到来自需求方面因素的影响。不同国家在应对外部需求冲击时会有不同的经济表现,宏观政策也并不一定同步。该模块涉及全球经济周期波动的不同阶段,各国经济政策与经济表现的比较,这自然体现了全球视野。

(2) 科学精神和专业精神

对于 20 世纪 30 年代的大萧条,经济学家们从供给和需求的不同视角给出了多维度的解释。但没有一种假说可以完整地解释大萧条发生的原因。引导学生从不同的理论视角来分析大萧条为什么会发生,引申到"次贷"危机发生的原因。用实证的视角来检验理论,本身就体现了科学精神和专业精神。

(3) 政治认同和文化自信

中国的很多经济政策源自中国特色社会主义的实践,在经济周期波动模块毫无疑问需要介绍各国的宏观调控政策及其有效性,可以通过中外的经济政策对比,向学生展示经济建设过程中坚持和贯彻习近平新时代中国特色社会主义思想的重要性。

3. 思政教学案例

案例一:宏观经济政策之全球视野和政治认同

通过对历届中央经济工作会议上中国财政和货币政策基调的解读,帮助学生理解在不同经济环境下我国宏观经济政策的演变以及最新动态,了解通过宏观政策调控实现宏观政策目标的机理。结合疫情对经济的外部冲击,引导学生比较各国疫情下的应对方案及效果,激发青年学子的爱国情怀,体会中国特色社会主义社会制度的优越性和民族自豪感。通过国情教育,鼓励学生主动了解我国经济发展状况以及所处的复杂国际经贸环境,激励学生投身国家经济建设。

案例二:跨周期调节之文化自信

2021 年 7 月 30 日,中共中央政治局会议提出,要做好宏观政策跨周期调节。传统的宏观经济理论重在需求侧管理,更多体现的是对经济的"短期"调节,即采用财政政策和货币政策对经济进行"逆周期"调节,以平稳经济周期波动,从而实现经济持续稳定增长、充分就业、物价稳定、国际收支平衡的调控目标。宏观政策跨周期调节强调供给侧,侧重解决中长期问题,将宏观政策由"短期视角"和"速度视角"拓展到了"中长期视角"和"质量视角"。这是我国在宏观调控领域的理论创新和制度创新,也展示了中国特色社会主义国家的宏观经济治理能力。引导学生理解逆周期调控和跨周期调控的异同,强化学生对祖国的道路自信和文化自信。

案件三:科学思维

在讲授凯恩斯简单国民收入决定理论时,除了讨论总需求对收入的决定作用,还要介绍我国的供给侧结构性改革。引导学生讨论总供给的量和结构对促进国民经济增长的重要作用。这样既让学生认识到凯恩斯等经济理论也是有片面性的,又让学生认识到在经济建设过程中坚持和贯彻习近平新时代中国特色社会主义思想的重要性。

第九章 产业经济学课程思政教学指南

一、产业经济学的专业教学体系与课程思政教学目标

（一）产业经济学课程简介

产业经济学是以产业作为研究对象，分析现实经济问题的应用经济学，它在我国发展的历史并不长。本课程立足于体现以下特征：首先，能够对现代产业经济学理论进行较全面和通俗的介绍；其次，要从产业经济学视角对部分中国产业发展现实进行审视和思考，使学生学习应用这些理论分析具体产业的方法，同时了解中国主要产业发展的基本情况。

本课程试图改变产业经济学教材理论介绍较枯燥、内容广散、与中国产业发展实际联系不紧密等不足，注重理论阐述与实证分析相结合，融合中外产业经济发展的理论与实践，系统反映产业经济领域的研究内容；既展现产业经济理论的整体面貌，又分析研究中国产业发展的现实，将理论与实践有机结合；同时，力图浓缩产业经济理论的精华，使初学者能较充分地理解产业经济学的基本原理和分析方法，把握产业组织和产业结构理论的发展方向，培养运用产业经济学理论分析问题的基本能力，并为进一步学习高级产业经济学和其他经管类课程打好基础。

（二）产业经济学教学目标

本课程的目的是使学生了解产业经济学课程的基本内容，包括现代产业组织学理论中的市场集中度、产品差别、进入壁垒与进入阻挠、掠夺性定价、限制性定价、价格歧视、广告经济学、企业并购、纵向整合与纵向约束、串谋与合作策略性行为、R&D、规制经济学、反垄断政策、GVC 理论、产业组织的分析方法。正确理解现代产业经济学的基本理论框架和主要理论专题，中国产业经济发展的现状、问题及转型升级的战略，特别是要学习产业经济学独特的产业分析方法。

在教学方法和手段方面，对于基本理论知识，主要采用课堂讲授和课后学习的方式，难度较高的理论和方法采用课堂讲授的方式，难度比较低的知识采用课前自学和课堂提问检查的类似翻转课堂的教学方式。为了让学生掌握产业经济学独特的 SCP 分析范式，采用商学院的案例教学方式，先把学生分组，给予案例资料，小组内部课前准备，课堂汇报和讨论，教师点评和打分。

（三）产业经济学常用专业教材和特色

指定教材：

干春晖，等. 产业经济学：教程与案例[M]. 2 版. 北京：机械工业出版社，2015.

参考书目：

(1) 王俊豪. 产业经济学[M]. 3 版. 北京：高等教育出版社，2016.

(2) 卡尔顿，佩罗夫. 现代产业组织（上、下册）[M]. 上海：上海三联书店、上海人民出版社，1998.

(3) 多纳德·海，德里克·莫瑞斯. 产业经济学与组织[M]. 北京：经济科学出版社，2001.

(4) Donald A. Hay, Derek J. Morris. Industrial Economics and

Organization[M]. Oxford：Oxford University Press，1991.

（5）泰勒. 产业组织理论[M]. 北京：中国人民大学出版社，1997.

（四）产业经济学课程思政内容与目标

1. 产业经济学课程思政特征与元素

产业经济学是一门理论结合实践非常紧密的课程，旨在培养懂理论、识实践、具有全球视野和家国情怀的高素质国际化人才。在产业经济学的教学框架体系中，蕴含了丰富的课程思政元素。当前我国经济与产业发展面临复杂的国内外环境，其中掺杂了不少政治博弈的因素，因此，如何拓宽学生的国际化视野、激发学生的爱国热情是本课程思政的重要目标。在产业经济学具体的授课过程中，将课程思政元素通过案例分析、专题思政环节融入课堂，有助于培养学生建立正确的人生观、价值观和世界观，提高国家荣誉感。总体上，产业经济学课程教学的思政元素主要包括全球视野、国家战略、家国情怀、经济匡时、创新精神等。

（1）全球视野

从全球以及国内的产业发展的相互影响出发，培养学生新的"世界观"和"中国观"，在看待全球产业竞争发展时，引导学生换位思考，树立"跳出中国看中国，以世界眼光看中国"的价值观。在具体的教学环节，安排全球产业发展趋势、全球价值链分析、全球创新网络发展、重点前沿产业全球竞争分析等章节和内容，让学生深入体会产业发展中以国内大循环为主、国内国际双循环相互促进的新发展格局的要义。

（2）国家战略

传统的产业经济以西方的产业组织理论为主，在中国的学术传统中，产业经济学研究重点并不等同于产业组织学，作为发展中国家，目前中国情景下的产业经济学更应该是"东西合璧"。在课堂思政教学中,重点强调中国产业发展的独特背景——大国经济的特点。发展中转型大国的产业发展战略与一般的先进国家、一般的小国经济存在比较大的不同。在教学思政中,引导学生了解中国大国经济的特点,分析为什么有些产业在中国发展比较成功、与国外发展相比的特点在哪里。引导学生深入思考我国在产业转型升级中还存在哪些障碍,在先导产业发展、制造强国战略中中国如何能做得更好。让学生树立产业发展主人翁的精神。

(3) 家国情怀

产业是强国之基、兴国之本,产业强则在国际上才有话语权。因此,在课程讲授过程中,教师需通过一些具体产业与企业的案例将家国情怀以浸润方式传递给学生。结合美国对我国的产业打压,深入阐释美国对我国产业围追堵截的背景与做法,激发学生产业报国、技术报国的热情。

(4) 经济匡时

产业经济学贵在学以致用,在课程教学中引导学生胸怀祖国、志存高远、服务于国家、奉献于时代、担负起天下兴亡的重任。重点培养学生运用所学产业经济学知识,能够对产业发展实践进行分析、解释与预测,让学生对产业经济学产生浓厚兴趣。紧紧围绕国家战略掌握产业经济理论与实践,努力为国家和地方的社会、经济、文化建设服务,与国家民族的发展同呼吸共命运。

(5) 创新精神

创新特别是自主创新现阶段对中国而言更为迫切,在课程上给学生灌输"大众创业,万众创新"的创新观,中国产业的发展亟须在创新上实现突破。课堂上通过创新发展历史、不同企业的创新案例(如华为)来阐释创新的重要性,提升学生对于创新特别是自主创新的认同,培养学生的创新精神。对同一个问题,在课堂上启发学生的批判与思辨思维。

2. 产业经济学课程思政教学目标

基于以上分析,产业经济学是一门高度贴近实际的应用经济学课程,其中的思政元素颇为丰富,在教学过程中,通过国内外的对比、产业历史与现实的比照、理论创新与实践前沿的融合,能够培养学生具有全球视野、国家战略认同、家国情怀、经济匡时以及创新精神,具体而言:

(1) 在全球化的产业分工、价值链重构的背景下,深刻理解中国产业在全球的位置以及升级的方向,塑造全球化的视野。

(2) 立足中国产业转型发展的战略,通过在先进制造发展、先导产业引领、制造与服务融合、数字化转型等方面战略的讲述提高学生的国家战略认同感。

(3) 当前中美大国博弈、美国对我国产业的打压给了教学一个鲜活的场景。在教学中结合产业的自主发展、产业结构的转型升级、产业政策等的讲解来培养学生的家国情怀。

(4) 通过SCP范式的讲解和案例分析增强学生分析实际问题的能力,使学生感受到产业立国的深刻含义,增强经济匡时的责任感。

(5) 在创新与研发的讲解中,重点强调创新的重要价值以及创新的激励措施,培养学生对于创新的深刻认识,培养学生潜在的创新意识和创新精神。

二、产业经济学各章节思政教学指南

(一) 产业经济学导论

1. 专业教学目标

(1) 教学总体思想:产业经济学导论是一个重要的引导性课时,在一开始就必须引起学生对于产业经济学这门课的兴趣。为此,本节课以新兴产业如集成电路、人工智能等产业的介绍为引导,提升学生的学习兴趣。

(2)教学思路和教学过程:在具体分析框架的介绍中,穿插大量的案例,以手机等产业激发学生参与讨论的热情。

(3)本章的教学目标包括:第一,学生能够在学习本章后对产业经济学有概览性的认识,熟悉产业经济学的研究重点包括产业组织、产业结构、产业布局、产业关联等。第二,熟悉产业经济学作为中观经济学的基本分析框架,熟悉 SCP 的分析结构。第三,了解数字经济等新技术发展对于产业经济学升华的作用。

2. 重要思政元素

本部分是这门课程的开篇,需要给学生整体的框架认识,因此,这一部分在讲解时的思政元素可以比较丰富。

(1)全球视野:讲述产业经济学发展历史时,从西方的流派到中国特色的产业经济体系;举苹果手机全球生产的案例讲述产业全球化的特征。

(2)国家战略:在讲解产业分类时,结合我国不同发展阶段的产业发展战略让学生了解产业层面的国家战略。

(3)家国情怀:通过"制造强国战略"案例激发学生强烈的家国情怀。

(4)经济匡时:强调产业经济学的应用经济学科特征,解释现实经济问题、学以致用是其重要特征。

(5)创新精神:举华为以及任正非的例子说明创新以及创新精神的重要性。

(二)市场集中、规模经济与范围经济

1. 专业教学目标

(1)教学总体思想:在自由竞争市场中,高效率企业往往能够淘汰低效率企业,扩张生产规模,提高市场占有率。在这个过程中,市场资源向少数企业集中,而随着企业规模的扩张以及经营范围的增大,企业常常能够取得规模经济和范围经济,并拥有一定垄断势力,这又加大了大企业的成本优势和市场支配力,继而市场进一步趋于集中。如何看待市场集中？在企业扩张过程中为什么会存在规模经济和范围经济？企业该如何选择自身的生产规模和经营范围边界？从资源有效配置角度来看,一个市场中企业保持多大规模是合理的？本章试图解释上述问题。

(2) 教学思路和教学过程：在具体分析框架的介绍中,穿插最新的反垄断案例,激发学生对知识点的兴趣。通过计算案例讲解 CR4、HHI 计算的基本步骤。

(3) 本章教学目标包括：第一,掌握市场集中度的计算方法和各自的优劣点；第二,熟悉规模经济、有效竞争的基本理念；第三,能够运用市场集中度来分析反垄断中的案件。

2. 重要思政元素

本部分是市场结构中重要的方法论章节,本部分主要通过案例来体现思政元素。

(1) 全球视野：讲述美国司法部是如何利用 HHI 指数进行反垄断调查的。

(2) 国家战略：目前我国反垄断特别是对互联网平台的反垄断进入了新的阶段,通过案例讲解如何利用集中度指数为反垄断提供参考。

(3) 家国情怀：通过对大国经济、大国市场的分析,增强学生的家国自豪感。

(4) 经济匡时：向学生举例说明中国发展成功的产业大多利用了

规模经济的特点。

(5) 创新精神：利用集中度分析方法分析不同产业的创新特点。

(三) 产品差异

1. 专业教学目标

(1) 教学总体思想：让学生熟练掌握产品差异的几种表现形式和区别。

(2) 教学思路和教学过程：在具体分析框架的介绍中，穿插大量的案例，让学生对产品差异有更加直观的认识。

(3) 本章的教学目标包括：本章首先对产品差异的概念进行了界定——产品差异是指同一产业内不同企业生产的同类商品之间的可替代不完全。然后对产品差异进行了分类——水平差异、垂直差异、服务差异和信息差异，并对最早的产品差异——水平差异从非选址模型和选址模型两方面进行了溯源。随后阐述了产品差异的本质所在——使厂商具有市场势力。最后以信息差异使先进入市场的厂商具有先发优势，厂商可以借助非信息性广告传递产品高质量的信号进而形成垂直差异为例，简单介绍了产品差异的策略运用。

2. 重要思政元素

产品差异化是企业非常重要的竞争战略，本部分可以结合具体产业以及企业战略转型体现中国产业的转型升级。

(1) 全球视野：一方面，从理论渊源上阐释产品差异化来源于西方经济理论；另一方面，通过列举相关企业案例来说明企业在跨国经营时采取的差异化战略。

(2) 国家战略：通过讲述中国家电产业从价格竞争向产品差异化竞争转变的案例来阐述中国产业发展战略的升级。

(3) 经济匡时：注重分析不同产业的产品差异化程度不一样，偏上游的产业差异化较小,而偏下游的产业差异化程度较大。

(4)创新精神:产品差异化需要企业进行大量的创新投资,向学生解释在今后的创业以及工作中既需要通过差异化来获得竞争优势,也要有充分的创新投入保障。

(四)进入壁垒

1. 专业教学目标

(1)教学总体思想:让学生熟练掌握进入壁垒的几种表现形式和区别,结合各种产业案例分析进入壁垒的特点,让学生了解进入壁垒也是企业获取超额利润的重要策略。

(2)教学思路和教学过程:在具体分析进入壁垒的形式中,穿插大量的案例,让学生对进入壁垒有更加直观的认识。

(3)本章的教学内容包括:第一节分析了关于进入壁垒的几个重要定义,在此基础上界定了进入壁垒及其分类。第二节重点讨论了结构性进入壁垒,并对其主要的结构性因素进行了详细分析。第三节分析了进入阻挠即策略性进入壁垒,在一个简单地进入博弈模型的基础上讨论了沉没成本和承诺行动在进入阻挠中的决定性作用,并分析了几种常见的进入阻挠策略。第四节分析了进入壁垒的福利效应和可竞争市场理论。

2. 重要思政元素

产品差异化是企业非常重要的竞争战略,本部分可以结合具体产业以及企业战略转型体现中国产业的转型升级。

(1)国际视野:分析跨国企业突破进入壁垒的案例,如特斯拉进入中国新能源汽车市场,能让学生了解国际产业竞争格局,拓宽国际视野,培养全球经济思维,把握国际产业发展趋势。

(2)爱国情操:讲解我国对关键产业设置进入壁垒,保护民族产业发展,如农业种植领域。通过这些案例,让学生明白维护国家产业安全的重要性,增强爱国情怀和民族责任感。

(3)专业精神:剖析进入壁垒形成因素,如技术、资金、政策等,需要学生严谨分析。在研究降低或突破壁垒策略时,培养学生求真务实、钻研探索的专业精神,引导学生以科学态度对待产业经济问题。

(五)产品选择、成本与生产能力

1. 专业教学目标

(1)教学总体思想:让学生了解除了价格竞争以外,还有许多的非价格竞争手段。在市场竞争中,厂商常常为达到利己目的,对竞争对手采取掠夺性行为,常用的掠夺性定价策略由于具有某些劣势,因此本章为那些饱受价格掠夺之苦的企业或无力实施价格掠夺措施的企业提供几种非价格掠夺手段。

(2)教学思路和教学过程:在具体分析各种非价格掠夺行为时,穿插大量的案例,让学生对各种行为具有更加直观的认识。

(3)本章的教学内容包括:围绕产品选择、成本与生产能力展开分析,包括空间先占权与产品扩散策略、预告产品信息、需求结构锁定策略、提高转换成本、捆绑销售与搭配销售、提高对手成本和过度生产能力七种策略。

2. 重要思政元素

(1)全球视野:一方面,理论上从博弈论角度阐述几种策略的基本思想;另一方面,通过列举相关现实案例来说明这些策略实施的条件和效果。

(2)国家战略:通过中美产业博弈中美国对我国的断链行为来阐释提高我国成本的策略。

(3)经济匡时:重点阐述这些策略是企业提高竞争对手成本,实现利润最大化的重要手段。

（4）创新精神：企业在实施这些策略时，往往需要进行大量的创新投资。

（六）企业并购

1. 专业教学目标

（1）教学总体思想：让学生熟悉横向并购、纵向并购、混合并购等几种并购方式的区别、适用的条件以及典型的并购案例、并购的影响以及福利。

（2）教学思路和教学过程：通过对并购发展历史的梳理来讲解不同并购发展时期的并购特点，特别是以美国为代表的先发国家，其产业以及企业发展壮大的历史就是一部并购史。在教学过程中结合国内重要并购案例以及中国开展的跨国并购，来阐释中国产业以及企业的转型发展之道。

（3）本章的教学内容包括：企业并购是现代市场经济中实施资产重组和优化资源配置的有效手段，有助于实现企业规模的迅速扩张，推动产业结构的不断升级。本章主要内容共分为四节：第一节首先介绍了并购的概念及分类，其中最为重要的分类方式是按照被并购双方的产业特征划分的横向并购、纵向并购和混合并购。随后介绍了到目前为止西方国家发生过的六次并购浪潮，分析了六次并购浪潮的特点和动因。第二、三、四节从产业组织角度分别对横向并购、纵向并购和混合并购进行了深入分析，并以具体的案例加以说明。

2. 重要思政元素

（1）全球视野：讲述以美国为代表的几次并购浪潮以及中国如何开展跨国并购。

（2）国家战略：让学生体会到并购特别是跨国并购是中国企业做

大做强的重要路径。

（3）家国情怀：通过吉利并购沃尔沃的跨国并购案例增强学生"企业强则产业兴"的自豪感。

（4）经济匡时：在中国经济崛起的过程中需要一批能够在国际市场上开疆扩土的企业。

（5）创新精神：从并购目标的选择、并购的实施以及并购后的文化整合等环节阐述并购是一项失败率极高的活动，需要大量创新活动的支持。

（七）研发与创新

1. 专业教学目标

（1）教学总体思想：让学生熟悉创新和研发概念以及分类，并了解中国当前的创新情况。从研发活动的高投入、高风险阐释现实中为什么企业研发动力不足，可以通过补贴、奖励、专利等方式来激励企业进行创新活动。

（2）教学思路和教学过程：通过当前中国创新面临的问题与现实来切入创新的话题，引入创新的基本原理。通过总结梳理中国创新面临的难题、列举全球典型的创新企业的创新之路来阐述创新的核心内容。

（3）本章的教学内容包括：创新的分类——可分为以新工艺的商业化为主的过程创新和以向市场成功推出新产品的产品创新。同时，研究与开发是一个知识的创造和应用过程，包括三种类型——基础研究、应用研究和开发。创新具有两个主要特征——不确定性和溢出效应，这会导致企业在研发上的投资不足。研发和创新激励从社会福利的角度看是必需的。主要的激励机制有专利制度、政府奖励和资助等。另外，企业之间可通过合作研发的方式来使研发的外部性内部化。大企业在研发和创新上的优势体现在规模经济和研发能力上，而中小企业的优势则体现在创新的动力和效率上。如果不存在专利竞赛，那么竞争性的市场结构对研发和创新就有更强的激励，但在专利竞赛的压力下，垄断企业有更强的研发和创新动机。

2. 重要思政元素

（1）全球视野：创新是企业在全球竞争中立于不败之地的法宝，通过全球创新型企业的案例分析来强调创新的重要性。

（2）国家战略：创新驱动发展是中国未来在经济转型以及全球竞争中获得新竞争优势的重要途径，本部分可以通过集成电路等典型创新产业的发展深入分析我国在创新突破中的难点与路径。

（3）家国情怀：通过华为创新的案例以及任正非具有的创新企业家精神来激发学生的自豪感。

（4）经济匡时：不论是企业的战略调整还是产业的转型升级，创新都是永恒的战略。

（5）创新精神：这一专题全面而深入地强调了创新的重要性，在教学过程中通过大量的案例来说明从国家到企业，再到个人创新精神的重要性，以及怎样培育、提升创新精神。

（八）广告

1. 专业教学目标

（1）教学总体思想：让学生熟悉广告这种市场行为的特点、经济学含义，以及广告这种市场行为与市场结构和绩效的关系。通过案例说明不同类型广告的作用，阐释为什么在有些领域会存在大量的虚假广告。

（2）教学思路和教学过程：通过当前非常热门的各种形式的广告来切入相应的理论与框架，特别是解释不同的产品为什么广告强度会存在较大的差异,与广告的需求弹性和价格需求弹性存在怎样的关系。

(3) 本章的教学内容包括:广告的分类——信息性广告和劝说性广告,搜寻品一般倾向于信息性广告,而经验品则一般采用劝说性广告;广告强度的影响因素——需求的广告弹性越大,需求的价格弹性越小(或者价格和成本之间的差越大),则广告费用与销售额之间的比率越大。广告强度与市场结构之间存在着相互影响的关系,主要与集中度、产品差异化、进入壁垒等存在相互的影响。由于厂商与消费者之间的信息不对称以及做虚假广告比做真实广告更加有利可图,导致了虚假广告的泛滥,因此政府应该加大对广告的监管力度,通过完善的立法规范广告行为。

2. 重要思政元素

(1) 全球视野:广告是全球企业提升影响力的重要方法,通过案例说明不同国家对虚假广告的监管和处罚力度存在较大的差异。

(2) 国家战略:在数字经济的冲击下,各种新型的自媒体广告层出不穷,为了规范其发展,我们需要加强对各种类型广告的监管。

(3) 经济匡时:广告作为一种非价格竞争手段,是企业避免惨烈价格竞争的一种重要手段,这在寡头竞争的市场中表现比较突出,通过列举麦当劳和肯德基、可口可乐和百事可乐的案例来进行讲解。

(4) 创新精神:广告特别是好的广告创意本身就是一种创新行为,但与此同时,这二者之间因为存在一定的替代关系,所以会对研发投入有一定的挤出效应。

(九) 策略性行为

1. 专业教学目标

(1) 教学总体思想:让学生熟悉各种策略性行为以及在现实中的应用。策略性行为包括两类:一类是非合作策略性行为;另一类是合作策略性行为,通过合作策略性行为,企业之间可以减少竞争,从而增加本行业所有企业的利润。前者包括默契合谋、冷酷策略及胡萝卜加大棒策略等;后者则包括多产品公式定价法、转售价格维持、基点定价、一致竞争条款、价格领导等多种策略。

(2) 教学思路和教学过程:通过学生非常熟悉的策略性行为案例如互联网企业之间的竞争、移动出行平台之间的竞争等案例引入相应的理论,在每一种策略性行为中通过现实案例加以阐释。

(3) 本章的教学内容包括:策略性行为的定义、分类以及每种策略的具体应用。

2. 重要思政元素

(1) 全球视野:策略性行为主要源于博弈论和信息经济学理论,这也是新产业组织的重要国际前沿研究方向。

(2) 国家战略:类比目前的中美博弈,说明在国家层面也存在较为激烈的策略性行为,趋利避害、形成新的均衡是不断重复博弈的结果。

(3) 经济匡时:让学生多了解一些博弈论的思想,在分析经济学问题以及做决策时充分考虑利益相关者的反应。

(4) 创新精神:以案例形式讲解通过创新在策略性行为中占据先发地位,是非常重要的途径。

(十) 市场绩效

1. 专业教学目标

(1) 教学总体思想:市场绩效反映了在特定的市场结构和市场行为条件下市场运行的效果。产业经济学对市场绩效的研究主要从两个方面展开:一是对市场绩效本身进行直接的描述和评价,主要从资源配置效率、产业的规模结构效率、技术进步和 X 非效率等几个方面,用利润率、勒纳指数、贝恩指数和托宾 Q 值等指标度量,描述市场绩效的基本情况及评价市场绩效的优劣;二是研究市场结构、市场行为和市场绩效之间的关系,并从中寻找市场绩效的影响因素,以便对影响市场绩效的因素做出解释。本章将前面章节所阐述的市场结构、行为与绩效联系起来,让学生更加全面地了解 SCP 的框架。

(2) 教学思路和教学过程:通过课后的产业案例分析市场结构、市场行为和市场绩效的关系,并让学生理解 SCP 之间的双向因果关系。

(3) 本章的教学内容包括:市场绩效的衡量指标,传统 SCP 框架的结构与批判,市场结构与市场绩效的关系、市场行为与市场绩效的关系。

2. 重要思政元素

(1) 全球视野:本章重点让学生了解哈佛学派和芝加哥学派在阐释市场结构与绩效关系上的差异。

(2) 国家战略:以中国典型产业为例说明市场结构、市场行为和市场绩效之间的关系。为了提高市场绩效,我们需要在市场结构调整特别是反垄断上深入推进改革。

(3) 经济匡时:重点向学生讲解 SCP 范式在分析具体产业上的实用性与逻辑性。

(4) 创新精神:企业在市场中获得高利润的一个重要途径是通过创新获得较高的市场占有率。

(十一) 规制经济学

1. 专业教学目标

(1) 教学总体思想:本章主要通过典型案例的分析讲解规制经济学的基本原理与逻辑,让学生知晓规制经济学主要研究在"市场失灵"

情况下政府的干预问题：为什么要干预？采取什么措施干预？干预是否有效以及在干预无效即规制失灵的情况下如何通过对规制与放松规制的成本-收益分析比较，找到次优选择？

（2）教学思路和教学过程：通过学生熟悉的垄断产业的规制切入理论，展开规制的历史、目标与具体的规制政策的分析。

（3）本章的教学内容包括：规制经济学的发展；规制的类别、目标及执行机构；政府规制政策。

2．重要思政元素

（1）全球视野：本章重点讲解国内外规制理论与实践的发展和创新。

（2）国家战略：规制作为促进企业守正创新发展的重要政策供给，特别是在数字经济领域的规制显得尤为重要，教学中对此可重点讲解。

（3）经济匡时：重点向学生讲解规制的经济学逻辑以及不同规制手段的应用。

（4）创新精神：规制的一个重要目的是促进市场竞争，保障企业的创新动力与活力。

（十二）反垄断经济学

1．专业教学目标

（1）教学总体思想：由垄断行为形成的垄断势力会造成效率损失和减少社会福利。因此，政府应该为了提高经济效率和实现社会福利最大化而采取旨在抑制垄断势力的各种政策。美国和欧盟的反垄断法的法律规范是建立在坚实的经济学基础上的，因此，了解反垄断的经济理论，即垄断的概念、垄断形成的原因、垄断的社会成本和收益的衡量等，了解美国反垄断政策的基本内容，将会对产业组织政策之

——反垄断政策有全面的理解和掌握。

（2）教学思路和教学过程：从学生熟悉的反垄断案件入手，讲解反垄断政策的主要内容和中国反垄断的发展。

（3）本章的教学内容包括：垄断的经济学分析、反垄断政策的主要内容、中国反垄断法的进程。

2. 重要思政元素

（1）全球视野：反垄断是世界性的话题，譬如不仅美国是现代反垄断法诞生的摇篮，而且美国反垄断法具有巨大的辐射力，与之相比，中国的反垄断还处在追赶的路上。

（2）国家战略：重点讲解反垄断特别是对于平台企业、数字领域的反垄断是政府保障经济健康发展的重要举措。

（3）经济匡时：重点向学生讲解反垄断是促进产业良性发展的重要基础，也是促进企业合规经营的重要手段。

（4）创新精神：在教学中强调反垄断并不是扼杀企业创新，反而是通过营造良好的竞争环境促进企业创新。

（十三）产业结构与政策

1. 专业教学目标

（1）教学总体思想：讲解产业结构的调整历程、基本规律以及相关政策，让学生了解产业结构转型升级是世界经济发展以及中国经济转型升级的重要方面，产业政策在产业发展中扮演着非常重要的角色。

（2）教学思路和教学过程：通过大量数据案例分析，以及制造和服务的关系、产业政策的运用等阐述产业结构和政策调整的内在经济学逻辑。

（3）本章的教学内容包括：本章主要介绍产业结构理论及产业结

构政策的主要内容。本章分为四节:在第一节中,首先介绍了产业的概念及产业的分类,着重介绍了目前最为常见的三次产业分类法以及建立在此基础上的标准产业分类法,这是讨论和研究产业结构的基础。随后介绍了产业结构的概念。在第二节中,主要介绍产业结构演进的一些基本规律,这将有助于读者把握产业结构的变化方向。第三节是关于产业结构优化的内容,重点是对产业结构优化的两个方面——合理化和高级化的判断;学习产业结构理论是为制定政策而服务的。第四节是产业结构政策的介绍,重点是主导产业的选择政策和幼小产业的扶植政策,这是两类最为常见和最为主要的产业结构政策。

2. 重要思政元素

(1) 全球视野:产业结构的调整规律和产业政策的应用在全球都普遍存在,如何顺势而为,提高产业转型升级质量是实现产业追赶的重要策略。

(2) 国家战略:向学生讲解产业结构的调整和产业政策优化一直是中国经济发展中的核心命题与重要战略。

(3) 经济匡时:重点向学生讲解产业政策如何优化、如何更好地促进产业发展。

(4) 家国情怀:重点向学生分析中国在短时期实现产业升级的"奇迹",增强学生自豪感。

(5) 创新精神:向学生讲授持续推动产业结构调整的重要途径在于创新驱动。

(十四) 产业分工、模块化与全球价值链

1. 专业教学目标

(1) 教学总体思想:中国产业发展最重要的经验在于融入全球价值链,以此为出发点,引入产业分工、模块化以及全球价值链的基本分析框架,重点以中国的实践为分析、讨论的基本素材,激发学生关注中国产业发展现实的热情。

(2) 教学思路和教学过程:通过学生熟悉的中国经济和产业转型发展的问题(如全球价值链低端锁定、价值链攀升缓慢的论点),分组讨论,以汽车、高铁、家电等产业为案例展开。

(3) 本章的教学内容包括:模块化基本理论、模块化分工与产业组织模式的演进、模块化生产网络与全球价值链。

2. 重要思政元素

(1) 全球视野:向学生讲解全球价值链分析目前是产业经济学中非常重要的分析方法和研究重点,特别是通过构建全球的投入产出表来进行分析是当前的研究热点与前沿。

(2) 国家战略:向学生讲解中国在参与全球分工时长期是嵌入全球价值链的,未来中国要实现价值链中地位的攀升,由被治理者向治理者转变。

(3) 经济匡时:掌握全球价值链的相关分析范式和方法,能够准确分析、判断中国在全球分工中的地位。

(4) 创新精神:向学生讲授往价值链高端攀升需要大量创新企业的引领,更需要在经济规则上实现突破。

(十五) 产业布局与政策

1. 专业教学目标

(1) 教学总体思想:产业是区域经济发展的基础,而区域又是产业发展的空间载体,二者缺一不可,所以,研究产业经济学就必然涉及产业的空间布局问题,也即产业经济如何与区域经济有机结合的问题。区位是产业布局理论最基础性的概念,而相应的区位理论也就成为产业布局最基本的理论。经济发展战略从总体上可以分为均衡区域发展战略与非均衡区域发展战略,产业布局的政策必须结合区域政策,以实现产业结构优化与空间布局合理的产业、区域、国家三个层次不同发展目标的有机耦合。

(2) 教学思路和教学过程:通过学生熟悉的中国产业布局(如工业园区、高技术产业集聚区等方式)切入理论和实践。

(3) 本章的教学内容包括:产业布局的理论发展、产业布局的指向性、原则与规律及战略、产业布局政策;产业布局的主要影响因素及中国产业布局的动态演化。

2. 重要思政元素

(1) 全球视野:产业的优化布局理论来源于西方,而中国因为具有大国经济特点,其产业布局的实践也具有世界意义。

(2) 国家战略:中国产业发展的重要战略之一是进行了产业的区域化布局,如产业园区、出口加工区、高新技术园区发展战略等。

(3) 经济匡时:让学生了解园区是中国经济由试点向全面推进的重要缩影,也是实现增长极理论的重要实践。

(4) 创新精神:园区的集聚、创新溢出效应是产业园区发挥集群效应的重要方式。

(十六) 产业关联

1. 专业教学目标

(1) 教学总体思想:产业关联是指不同产业之间的投入品和产出品相互运动形成的技术经济联系,其基本分析方法是列昂惕夫创造的投入产出分析(input-output analysis)。它主要借助产业关联表(投入产出表或列昂惕夫表)来对产业之间生产、交换、分配上发生的关联进行分析研究。投入产出分析方法可以把握所研究经济结构内在的技术联系,可以利用投入产出表及其所提供的各种平衡关系和平衡方程进行一系列经济分析,因此有着广泛的应用。静态的投入产出模型在产业关联分析方面的应用根据目的和应用工具的不同,可以用来分析产业结构、产业间波及效应、经济效果等。

(2) 教学思路和教学过程:通过我国具体投入产出表计算案例了解各种系数的含义,能够熟练运用投入产出分析方法。

(3) 本章的教学内容包括:产业关联的含义、投入产出表的结构、各种系数的计算以及应用。

2. 重要思政元素

(1) 全球视野:从投入产出分析方法的发展和运用历史强调其方法的国际化。

(2) 国家战略:让学生了解产业关联机制是促进我国产业发展、发挥倍增效应的重要战略方向。

(3) 经济匡时:让学生了解产业关联不畅是制约我国产业高质量发展的重要因素,破解这一桎梏将能释放中国经济发展巨大的潜力。

(4) 创新精神:产业关联效应的发挥一方面需要产业间技术联系的优化,另一方面需要有创新勇气打破产业之间非市场化的壁垒。

第十章　国际金融与风险管理课程思政教学指南

一、国际金融与风险管理课程简介

（一）课程主要内容

国际金融风险管理是指各经济实体在跨国筹集和经营资产的过程中，对国际金融风险进行识别、衡量和分析，并在此基础上有效地控制与处置金融风险，用最为经济合理的方法，实现最大安全保障的科学管理方法。通过对国际金融与风险管理相关知识与技能的学习和整合应用，学生能够更好地识别、理解、解释、预测全球国际金融风险，从而培养学生分析和处理事件中遭遇的国际金融风险的能力，并给出创新性解决方案。

本课程将通过研讨以下内容来达成上述目的：对全球国际金融系统性风险事件、非系统性风险事件（市场风险、信用风险和操作风险）的发生、发展进行度量、处理和评估。

（二）教学目标

学完本课程后，学生将能够：

(1) 掌握国际金融风险管理的基本概念、理论和分析工具；

(2) 学会识别和分析国际金融风险事件；

（3）具备进行国际金融风险衡量和预测的能力；

（4）具备设计国际金融风险管理策略和方案的能力；

（5）理解如何实施国际金融管理方案并进行评估。

（三）教材

（1）教材：刘园.国际金融与风险管理[M].2版.北京：对外经济贸易大学出版社，2012.

（2）辅助参考教材：约翰·赫尔.风险管理与金融机构[M].4版.北京：机械工业出版社，2018.

（3）其他电子资料：《经济研究》、《管理世界》、《金融研究》、《国际金融研究》、$Journal\ of\ Finance$、$Journal\ of\ Finance\ Economics$ 等专业期刊。

（4）学生可以在学校的 BB（BlackBoard）系统上下载课程资料，包括教学大纲、教学进度、阅读资料和其他教学资料。

（四）课程特色

本课程是一门理论与实践紧密结合的专业课程。国际金融风险无处不在，及时有效识别、度量、处理、评估和防范国际金融风险，对国家、企业和个人均具有十分重要的意义。本课程的特色可归结为以下几点：

（1）注重跟踪理论发展前沿知识，并及时将相关内容加入课堂教学内容。

（2）注重课堂教学与实践相结合。本课程通过引入大量的现实案例，与基础理论相结合，并鼓励学生进行实验模拟和实习，提高学生分析并解决实际问题的能力。

（3）注重学生创新能力的培养。鼓励学生发现现实生活中的各种国际金融风险，通过小组讨论和头脑风暴，提出具有创新性的方案。

第十章 国际金融与风险管理课程思政教学指南

（五）教学方法

1. 互动式授课

教师在课堂上讲解国际金融风险管理的关键概念和理论的同时，鼓励学生分享自己的看法，启发学生思考。

2. 课堂练习

基于具体授课内容，让学生参与一些个人或团队练习，锻炼学生的语言表达、团队协作、理论联系实际的能力。在分享练习结果的过程中，学生的创新思维能力也会得到提高。

3. 案例讨论

教师给每个授课专题配备相应的案例，要求学生提前阅读案例并根据教师给出的问题进行分析和小组讨论。课堂上，各小组将在教师的引导下分享各自的分析和讨论结果，最后由教师进行点评和总结。案例分析与讨论既是一个知识、经验整合与应用的过程，又是一个不同观点碰撞与融合的过程，学生的判断力、决策力以及逻辑思维和创新思维都会得到提高。

4. 个人和小组作业

每名学生从教师提供的习题中，掌握应用相关理论知识进行分析的方法并提出解决方案或决策建议。

学生自由组建成6个小组，每个小组从指定的案例中随机抽取一个案例，然后应用所学的国际金融与风险管理知识分析该案例、撰写案例分析报告、制作案例PPT并在最后一堂课上进行现场演示。各小组最终提交的小组报告包括三部分：(1) 各小组成员所负责的具体任务、分工的依据及贡献百分比；(2) 案例分析报告；(3) 案例PPT。

5. 自学

要求学生按照课程进度阅读推荐教材中的相应章节和其他阅读资料。

二、国际金融与风险管理课程思政教学目标

对照经济与贸易课程思政指标体系,分别阐述本课程与相应指标的关联,重点突出关联紧密的指标及其相关联的逻辑(如表 10.1 所示)。

表 10.1　　　　国际金融与风险管理课程思政指标体系

一级指标	二级指标	本课程与相关思政指标的关联性
政治认同	拥护中国共产党,理解并认同中国特色社会主义道路	系统性金融风险国内外处理效率差异的对比,汇率风险与证券投资风险防控的国内外比较分析
爱国情操	热爱祖国,认同并践行中华民族伟大复兴的中国梦	系统性金融风险国内外处理效率差异的对比,汇率风险与证券投资风险防控的国内外比较分析
文化自信	了解并认同中华优秀传统文化,了解并认同中国共产党的革命文化,了解并认同中国特色社会主义文化	党领导人民对重大突发事件进行处理,人民币汇率改革进程
公民意识	诚实守信、遵守社会规范,具备完整的社会责任感,具备现代法治意识,具备包容精神	利率风险管理与国际投行利率操作问题处理,信用风险与增强公民意识的重要性,操作风险与增强公民意识的重要性
科学思维	具备严谨的逻辑思考能力,具备基本的数据验证思维,具备探索和求真的意识	利率风险管理与科学思维培养,汇率风险管理与科学思维培养,证券投资风险管理与科学思维培养,信用风险管理与科学思维培养,操作风险管理与科学思维培养

续表

一级指标	二级指标	本课程与相关思政指标的关联性
国际视野	了解国际政治与经济的基本格局,理解中国在国际格局中的方位,掌握分析国际政治与经济问题的思维框架	国际金融风险管理课程,对国际金融风险进行识别、衡量、分析、控制与处置的教学过程中,始终要培养学生的国际视野
专业精神	追求专业的精通与卓越,精通国际经济与贸易的专业知识,能够用专业知识分析现实国际经贸问题	国际金融风险管理课程,对国际金融风险进行识别、衡量、分析、控制与处置的教学过程中,始终要培养学生追求精益求精的专业精神

三、国际金融与风险管理各章节思政教学指南

(一)国际金融风险管理概述

1. 专业教学目标

学完本章内容后,学生将能够:

(1)掌握国际金融风险管理的基本概念;

(2)学会识别和分析系统性国际金融风险事件;

(3)了解如何设计国际金融风险管理策略和方案。

2. 重要思政元素分析与相关知识板块

(1)重要思政元素

① 政治认同:拥护中国共产党,认同中国特色社会主义道路。

② 爱国情操:热爱祖国,认同并践行中华民族伟大复兴的中国梦。

③ 文化自信:了解并认同中华优秀传统文化、中国共产党的革命文化和中国特色社会主义文化。

④ 国际视野：了解国际政治与经济的基本格局，理解中国在国际格局中的方位，掌握分析国际政治与经济问题的思维框架。

⑤ 专业精神：追求专业的精通与卓越，能够用专业知识分析现实国际经贸问题。

（2）相关知识板块：系统性国际金融风险的处置方法

通过对系统性国际金融风险进行界定，分析如何识别和处置常见的国际金融风险。主要内容目录包括：

① 国际金融风险类型与特征；

② 国际金融风险管理概述。

3. 思政教学案例

（1）"新冠"疫情与国际金融风险案例

① 由于中国在政府的领导和组织下，通过强大的社会动员能力，采取严格高效的疫情防控措施，因此"新冠"疫情在较短时间内得到十分有效的控制。

② 欧美等西方国家决策效率较低，疫情防控措施松散，"新冠"疫情长期处于失控状态。

③ 面对突发性公共卫生事件产生的系统性国际金融风险，欧美国家证券市场曾大幅下挫，出现多次熔断，被迫采取超大规模的量化宽松货币政策和积极财政政策对企业进行救助；中国证券市场受益于国内的疫情防控措施，波幅较世界其他主要经济体小，没有采取大水漫灌式的刺激政策，实现了经济和金融市场的稳定健康发展。

通过国内外疫情防控效果的对比，说明中国人民在中国共产党的坚强领导下，成功抗击"新冠"疫情。通过该案例，增强学生热爱祖国、拥护中国共产党的意识，自觉认同中国特色社会主义道路，坚持道路自信和文化自信，为实现中华民族伟大复兴的中国梦而奋斗终身。

(2) 中美贸易摩擦对全球经济影响的案例

① 在中美贸易摩擦初期,美国对华突发性加征关税政策对我国经济和金融市场产生了一定的影响;

② 在党的领导下,我国迅速采取有效反制策略,并进一步加强自主创新,美国对华加征关税的影响随着时间推移而快速衰减。

通过中美贸易摩擦对全球经济影响的案例,说明在党的领导下,我国对美国采取有效的反制策略,并在双循环新发展战略下推动经济持续高质量发展。通过该案例,拓宽学生的国际视野,增强学生的专业精神,并进一步提高学生热爱祖国、热爱中国共产党的意识。

(二) 利率风险

1. 专业教学目标

(1) 掌握利率风险的基本概念和理论分析工具;

(2) 学会识别利率风险事件;

(3) 具备进行国际利率风险衡量和预测的能力。

2. 重要思政元素分析与相关知识板块

(1) 重要思政元素

① 科学思维:具备严谨的逻辑思维、数据验证思维和探索求真的意识。

② 国际视野:了解国际政治与经济的基本格局,理解中国在国际格局中的方位,掌握分析国际政治与经济问题的思维框架。

③ 专业精神:追求专业的精通与卓越,能够用专业知识分析现实国际经贸问题。

(2) 相关知识板块:利率风险衡量方法

通过对利率风险概念进行界定,分析如何识别和衡量常见的利率风险。主要内容目录包括:

① 利率风险类型与特征；

② 利率风险衡量工具；

③ 评估利率风险暴露规模。

3. 思政教学案例

通过经济收益分析模型和经济价值分析模型两种方法衡量利率变动对金融机构产生的风险。由于资产和负债中，有一部分对利率变动非常敏感，因此利率风险非常突出。如果没有处理好相关风险，就会对金融机构产生很大甚至是灾难性的影响。

通过教学案例，让学生明白，无论是在学习还是在今后的工作中，都需要具备严谨的科学思维、国际视野和求真务实的专业精神。

（三）利率风险管理

1. 专业教学目标

（1）掌握利率风险管理的基本分析工具；

（2）具备设计利率风险管理策略和方案的能力；

（3）理解实施利率风险管理方案并进行评估。

2. 重要思政元素分析与相关知识板块

（1）重要思政元素

① 公民意识：诚实守信，具备完整的社会责任感和现代法治意识。

② 科学思维：具备严谨的逻辑思维、数据验证思维和探索求真的意识。

③ 国际视野：了解国际政治与经济的基本格局，理解中国在国际格局中的方位，掌握分析国际政治与经济问题的思维框架。

④ 专业精神：追求专业的精通与卓越，能够用专业知识分析现实国际经贸问题。

(2) 相关知识板块：利率风险管理工具

通过学习利率风险管理工具的使用策略，分析如何有效管理利率风险。主要内容目录包括：

① 传统的利率风险管理方法；

② 远期利率协议、利率期货、利率期权、利率互换。

3. 思政教学案例

案例：国际投行操纵伦敦同业银行拆借利率（Libor）研究

巴克莱银行、瑞银集团、德意志银行、苏格兰皇家银行、汇丰银行、花旗集团、美国银行、法国兴业银行等欧美知名金融机构在2008年国际金融危机前后，曾经多次通过压低或抬高利率报价，进而在利率衍生品市场获得盈利或减少损失。在利率操纵数年之久后，很多国家的政府金融监管机构最终发现这些商业银行的利率操纵行为，对其开出巨额罚单，并决定进一步完善国际利率报价形式。

通过教学实例，让学生明白，无论在学习还是在今后的工作中，都需要诚实守信、遵纪守法，欺骗和违法行为虽然暂时有可能获利，但最终会付出代价。此外，还应具备严谨的科学思维和全球视野，深入钻研国际经贸专业的重大现实问题。

（四）汇率风险

1. 专业教学目标

(1) 掌握汇率风险的基本概念和理论分析工具；

(2) 学会识别汇率风险事件；

(3) 具备进行汇率风险衡量和预测的能力。

2. 重要思政元素分析与相关知识板块

(1) 重要思政元素

① 文化自信：了解并认同中华优秀传统文化、中国共产党的革命

文化和中国特色社会主义文化。

②科学思维：具备严谨的逻辑思维、数据验证思维和探索求真的意识。

③国际视野：了解国际政治与经济的基本格局，理解中国在国际格局中的方位，掌握分析国际政治与经济问题的思维框架。

④专业精神：追求专业的精通与卓越，能够用专业知识分析现实国际经贸问题。

(2) 相关知识板块：汇率风险衡量方法

通过对汇率风险概念进行界定，分析如何识别和衡量常见的汇率风险。主要内容目录包括：

① 汇率风险类型与特征；

② 汇率风险衡量工具；

③ 评估汇率风险暴露规模。

3. 思政教学案例

案例：人民币汇率改革历史进程

通过对中华人民共和国成立以来的人民币汇率制度和形成机制进行分析和讨论，阐述不同时期汇率制度差异背后的历史背景，并着重分析改革开放以来为发展中国特色社会主义市场经济，对汇率制度进行的多次调整和不断推进市场化过程，以及对推动我国经济发展，特别是国际贸易发展所起的重要作用。此外，本章课程还会进一步分析人民币汇率进一步改革的方向、思路和路线图。

通过该教学实例，让学生通过查阅资料，了解并认同中国特色社会主义汇率发展史，增强文化自信。此外，通过深入学习人民币汇率在多次全球金融危机期间保持稳定的深层次原因，让学生构建科学思维，具备国际视野和追求专业的精通与卓越的意识。

（五）汇率风险管理

1. 专业教学目标

（1）掌握汇率风险管理的基本分析工具；

（2）具备设计汇率风险管理策略和方案的能力；

（3）理解如何实施汇率风险管理方案并进行评估。

2. 重要思政元素分析与相关知识板块

（1）重要思政元素

① 政治认同：拥护中国共产党，认同中国特色社会主义道路。

② 爱国情操：热爱祖国，认同并践行中华民族伟大复兴的中国梦。

③ 科学思维：具备严谨的逻辑思维、数据验证思维和探索求真的意识。

④ 国际视野：了解国际政治与经济的基本格局，理解中国在国际格局中的方位，掌握分析国际政治与经济问题的思维框架。

⑤ 专业精神：追求专业的精通与卓越，能够用专业知识分析现实国际经贸问题。

（2）相关知识板块：汇率风险管理工具和方案

通过学习汇率风险管理工具的使用策略，分析如何有效管理汇率风险。主要内容目录包括：

① 汇率风险管理原则与战略；

② 工商企业的汇率风险管理方法；

③ 金融机构的汇率风险管理方法。

3. 思政教学案例

案例：中石油的汇率风险管理

在对汇率风险管理的原则、工具和解决方法进行一般性阐述的基础上,以中石油国际外汇风险管理为案例,说明中国企业如何通过合理制定汇率风险的事前预防规避策略、事中的适度套期保值和事后处理方法,从而有效规避外汇损失。

通过该教学案例,说明中国的大型国有企业在国家的领导下,如何不断完善外汇风险防控方案,使得学生更加爱国和拥护中国共产党,并懂得在今后的工作中,如何更加严谨地处理问题,制订合适的解决方案。

(六)国际证券投资风险管理

1. 专业教学目标

(1)掌握国际证券投资风险管理的基本概念、理论和分析工具;

(2)学会识别和分析国际证券投资风险事件;

(3)具备进行国际证券投资风险衡量和预测的能力;

(4)具备设计国际证券投资风险管理策略和方案的能力;

(5)理解如何实施国际证券投资风险管理方案并进行评估。

2. 重要思政元素分析与相关知识板块

(1)重要思政元素

① 政治认同:拥护中国共产党,认同中国特色社会主义道路。

② 爱国情操:热爱祖国,认同并践行中华民族伟大复兴的中国梦。

③ 国际视野:了解国际政治与经济的基本格局,理解中国在国际格局中的方位,掌握分析国际政治与经济问题的思维框架。

④ 专业精神:追求专业的精通与卓越,能够用专业知识分析现实国际经贸问题。

(2)相关知识板块:国际证券投资风险衡量方法、管理工具和处理方案

第十章　国际金融与风险管理课程思政教学指南

通过对国际证券投资风险概念的界定,分析如何识别和衡量常见的国际证券投资风险。通过学习国际证券投资风险管理工具的使用策略,分析如何有效管理国际证券投资风险并给出有效解决方案。主要内容目录包括:

① 国际证券投资风险概述;

② 国际证券投资风险管理策略;

③ 利用衍生金融工具管理国际证券投资风险。

3. 思政教学案例

案例:2008年全球金融危机

尽管投资者可以通过股指期货、期权等多种衍生品金融工具在多头和空头市场处理各种证券投资的价格波动,降低投资者的风险,但过度的金融创新也可能积聚更大的系统性金融风险。2008年在全球爆发的国际金融危机,正是源于2007年美国房地产市场的次级贷款危机,经过华尔街投资银行的一系列金融创新活动,金融风险不断放大并在全球扩散,导致主要发达国家经济遭受重创。中国则在中国共产党的领导下,及时采取一系列有效应对措施。最终国内的金融体系受到的负面影响较小,经济也得以快速恢复并成为拉动世界经济增长的火车头。

通过该案例,让学生认识到中国共产党领导全国人民取得的重大成绩,增强政治认同,厚植爱国情怀,拓宽国际视野,追求求真务实的专业精神,为践行中华民族伟大复兴的中国梦而奋斗。

(七)信用风险管理

1. 专业教学目标

(1)掌握信用风险管理的基本概念、理论和分析工具;

(2)学会识别和分析国际信用风险事件;

(3) 具备进行国际信用风险衡量和预测的能力；

(4) 具备设计国际信用风险管理策略和方案的能力；

(5) 理解如何实施国际信用风险管理方案并进行评估。

2. 重要思政元素分析与相关知识板块

(1) 重要思政元素

① 公民意识：诚实守信，具备完整的社会责任感和现代法治意识。

② 科学思维：具备严谨的逻辑思维、数据验证思维和探索求真的意识。

③ 国际视野：了解国际政治与经济的基本格局，理解中国在国际格局中的方位，掌握分析国际政治与经济问题的思维框架。

④ 专业精神：追求专业的精通与卓越，能够用专业知识分析现实国际经贸问题。

(2) 相关知识板块：信用风险衡量方法、管理工具和处理方案

通过对信用风险概念的界定，分析如何识别和衡量常见的信用风险。通过学习信用风险管理工具的使用策略，分析如何有效管理信用风险并给出有效的解决方案。主要内容目录包括：

① 信用风险概述；

② 国际信用风险管理衡量；

③ 国际信用风险管理方法与方案设计。

3. 思政教学案例

案例：2012年欧洲债务危机

通过分析欧洲债务危机的起源、发展与演变过程，阐述希腊等国为加入欧元区设定的宏观指标，在美国高盛银行的协助下而采取的财务造假行为，最终成为导火索，引爆弥漫欧洲多国的主权债务危机。

通过此教学实例,让学生意识到诚实守信、遵纪守法的重要性。同时培养学生的科学思维、国际视野和分析国际重大现实问题的能力。

(八)操作风险管理

1. 专业教学目标

(1)掌握操作风险管理的基本概念、理论和分析工具;

(2)学会识别和分析操作风险事件;

(3)具备进行操作风险衡量和预测的能力;

(4)具备设计操作风险管理策略和方案的能力;

(5)理解如何实施操作风险管理方案并进行评估。

2. 重要思政元素分析与相关知识板块

(1)重要思政元素

① 公民意识:诚实守信,具备完整的社会责任感和现代法治意识。

② 国际视野:了解国际政治与经济的基本格局,理解中国在国际格局中的方位,掌握分析国际政治与经济问题的思维框架。

③ 专业精神:追求专业的精通与卓越,能够用专业知识分析现实国际经贸问题。

(2)相关知识板块:操作风险衡量方法、管理工具和处理方案

通过对操作风险概念的界定,分析如何识别和衡量常见的操作风险。通过学习操作风险管理工具的使用策略,分析如何有效管理操作风险并给出有效解决方案。主要内容目录包括:

① 操作风险识别;

② 操作风险衡量;

③ 操作风险管理方法与方案设计。

3. 思政教学案例

案例：1995年巴林银行倒闭

1995年，英国著名商业银行巴林银行因为年轻的衍生品交易员尼克·李森在未经授权的情况下，认购大量的利率期货产品，结果因为判断错误导致巴林银行出现巨额亏损，最终倒闭破产。这一事件中，巴林银行的多级风险控制系统和方案完全失灵，反映了公司内部风险管理体系的混乱。

通过该案例，进一步让学生意识到诚实守信的重要性，在今后走上工作岗位后，要加强风险防控意识，用专业知识解决现实问题。

（九）全面风险管理

1. 专业教学目标

（1）掌握实施全面风险管理的条件；

（2）具备设计全面风险管理策略和方案的能力；

（3）理解如何实施全面风险管理方案并进行评估。

2. 重要思政元素分析与相关知识板块

（1）重要思政元素

① 国际视野：了解国际政治与经济的基本格局，理解中国在国际格局中的方位，掌握分析国际政治与经济问题的思维框架。

② 专业精神：追求专业的精通与卓越，能够用专业知识分析现实国际经贸问题。

（2）相关知识板块：全面风险管理解决思路和方案

通过学习全面风险管理的相关知识，分析如何有效设计并实施全面风险管理方案。主要内容目录包括：

① 全面风险管理概述；

② 实施全面风险管理的条件；

③ 全面风险管理方法与方案设计。

3. 思政教学案例

案例：国资委《中央企业全面风险管理指引》教学实例

通过学习《中央企业全面风险管理指引》，分析企业如何通过加强全面风险管理，查缺补漏，提高业务效率和企业利润。

通过该教学实例，让学生掌握全面风险管理的基本流程，并懂得刻苦钻研专业知识，开拓国际视野，增强分析现实国际经济问题的能力。

第十一章　新制度经济学课程思政教学指南

一、新制度经济学课程简介

新制度经济学关注对生活中的制度安排的解释，以及分析不同制度安排对人的行为和资源配置效率的影响。课程涉及的核心概念包括交易费用、租金消散、产权、合约、企业、国家等。新制度经济学的教学目标，是帮助学生掌握制度经济学的基本概念和分析框架，并且能够应用于解释生活中的制度现象，理解市场经济运行的制度基础。课程的突出特色在于与真实世界的经济现象紧密联系，强调理论的意义是帮助我们理解真实世界。这与多数经济学课程强调模型、脱离真实世界的情况存在显著差异。

二、新制度经济学课程思政教学目标

本课程的思政教学目标是帮助学生建立起正确的政治认同，形成家国情怀和文化自信，建立公民意识、科学思维、国际视野和专业精神。其中政治认同、科学思维和专业精神是本课程重点强调的思政元素。

从政治认同的角度看，制度经济学涉及一个社会基础的经济制度和政治制度的讨论,尤其是市场经济的制度基础。这一部分很自然会涉及中国和西方制度的比较,在这个过程中就可以突出中国特色社会主义制度的优越性,强调中国共产党的领导对中国经济奇迹的核心作用。因此本课程的核心思政元素就是建立起正确的政治认同。

从科学思维和专业精神的角度看,本课程强调逻辑思维能力的培养和经验实证思维的建立,涉及科学思维的基本元素。此外,制度经济学基础知识也是经济与贸易类专业学生有必要掌握的基础知识,有助于学生形成完整的专业素养。

三、新制度经济学各章节思政教学指南

(一) 导论

1. 专业教学目标

这一讲的目的是向学生介绍课程的主要内容,以及为什么要学习这门课程。主要内容包括:第一,什么是制度;第二,制度的功能是什么;第三,什么是制度经济学;第四,市场经济的制度基础。这一讲的重点在于理解制度的功能,以及理解什么是经济学分析制度的角度。难点在于要在学生头脑中建立起制度这个抽象概念及其与生活中大量具体的现象之间的联系,使得学生一开始就意识到本课程的内容是与真实世界的重要现象存在直接联系的。

这一讲的教学方法包括:(1) 提问法,让学生自己列举生活中的制度现象,以及它们的功能;(2) 案例法,从铅笔的故事出发,让学生理解市场经济的强大功能及其重要的制度基础是什么。本讲包括三个课时:第一课介绍制度的概念;第二课介绍制度的功能,以及经济学从什么角度研究制度;第三课介绍市场经济的制度基础。

2. 重要思政元素分析与相关知识板块

本章几个主要的思政元素和相关知识板块如下：

(1) 公民意识

本章讲到了学习制度经济学的难点之一是，制度是无形的，虽然它无处不在。克服这一难点就要求学生形成主动观察生活中的制度现象的习惯，从可观察的行为出发，提出问题，进而去发现背后约束行为的制度规则。通过培养这样的习惯，学生会逐渐对生活中的制度安排、行为规范变得更敏感。进一步地，通过对这些制度规范的自觉理解，深刻认识了其存在的合理性，也会有助于学生更加主动自觉地遵守合理的制度规范。这与本教学指南强调的公民意识的培养密切相关。公民意识的具体内涵，就包括了遵守社会规范、具备法治精神等，而这些都涉及对社会制度规则的理解。

(2) 科学思维和专业精神

本章的教学强调学生对生活中的制度现象的观察和思考。这种观察和思考首先是不带价值评判的客观观察，这种观察是科学精神的基础。科学建立在对客观世界的如实观察基础上。进一步地，本章强调在观察的基础上提出问题，并运用经济学知识加以解释，这就涉及经济学专业精神的培养。

3. 思政教学案例

案例一：生活中的制度安排

本章一开始，就要求学生观察身边生活中的制度安排，比如十字路口的交通规则、寝室里的规则安排等。通过这种观察，使学生将抽象的制度安排与生活中的具体现象结合起来，培养学生的观察能力，有助于学生建立社会科学思维的基础。同时，在讲课过程中，也会要求学生对生活中的制度安排提出初步解释，这个过程也有助于学生建立经济学的专业思维。

案例二：铅笔的故事

本章采用了经济学家里德的《我，铅笔》作为案例，帮助学生理解市场经济的制度基础。铅笔虽然简单，却是社会分工的产物，而协调这一复杂社会分工的，正是市场经济条件下的价格机制。价格机制的有效运行又涉及产权规则、合约制度等安排。通过这种由浅及深、层层深入的分析过程，学生会对经济社会运行的规则基础有更深入直观的认识。这种认识是现代公民意识的基础，也有助于培养学生的社会责任感。

（二）产权的概念

1. 专业教学目标

这一讲的目的是让学生掌握经济学的产权概念，并理解私有产权的意义。主要内容包括：产权的定义及内容、产权的不同形式、私有产权的意义。这一讲的重点是掌握产权的概念，其难点在于使学生摆脱常识中从物品的角度理解交易等经济现象的惯性思维，建立起从权利的角度理解交易、拥有等现象的视角。另一个难点是意识到经济学的产权概念比我们通常所理解的要普遍得多。

这一讲的教学方法包括：（1）提问法，如让学生思考私有产权的意义；（2）案例法，如从历史上的圈地运动出发，理解稀缺资源的使用权得到清楚界定的意义。本讲包括三个课时：第一课通过一系列的案例故事，让学生理解产权安排对人的行为和资源配置效率的重要影响；第二课介绍产权的概念，以及这个概念所带来的观察交易等经济行为的新视角；第三课介绍私有产权的经济意义。

2. 重要思政元素分析与相关知识板块

（1）理解并认同中国特色社会主义

社会主义与资本主义在经济制度方面的区别就在于基础的产权

制度不同。资本主义以私有制为基础，而中国特色的社会主义则是公有制为主体，多种所有制共同发展。本章的教学将让学生认识到产权制度在社会经济制度中的基础地位，理解存在私有制和公有制等不同的基础产权制度，并理解二者的相对优缺点。在此基础上，学生将会理解一个社会中公有制和私有制并存的必要性和合理性，这对于学生理解并认同中国特色社会主义的经济制度有重要的作用。

（2）国际视野

本章对产权制度的探讨，涉及跨国的制度比较以及古今中外的一些产权制度安排。这有助于学生站在人类命运共同体的视角来观察和理解一个社会的基本产权规则，对于建立和拓宽学生的国际视野具有积极意义。

3. 思政教学案例

案例一：产权规则与野生动物的命运

本章一开始讨论了野生老虎与家禽的不同命运。之所以野生老虎的数量越来越少，而家禽越来越多，是因为产权规则的不同。家禽是私有的，并且可以买卖，因此在市场经济下，私人资本会有足够的动力去养殖家禽。而老虎禁止私人拥有和买卖，因此市场不会投入资源去保护和繁衍老虎。这个案例从经济学的角度给学生提供了思考环境保护和生态平衡问题的视角，有助于培养学生完整的公民意识和社会责任感，并用科学思维和专业精神指导对社会问题的关心。

案例二：圈地运动与私有产权的建立

本章在探讨私有产权的意义时，引用了英国历史上的圈地运动作为案例。圈地运动在道义上是"羊吃人"的非正义行为，但在客观上，它导致了英国的公用草地变成了私有草地，这避免了公地的悲剧，提高了土地的使用效率，促进了英国工业革命的发展。这个案例一方面帮助学生理解产权的意义；另一方面使学生深刻认识到资本主义的发展虽然带来了效率，但在过程中也是以大量底层民众的痛苦为代价的。

（三）产权的选择

1. 专业教学目标

这一讲的目的是让学生学会从经济学的角度理解现实中的产权安排背后的逻辑。主要内容包括：产权形式的多样性、交易费用和租金消散的概念、制度经济学基本原理。这一讲的重点是让学生理解，最优的产权安排是使交易费用和租金消散最小化，并学会从这一角度出发去解释生活中的产权安排。难点是掌握交易费用和租金消散的概念。

这一讲的教学方法包括：（1）提问法，如让学生列举不同经济物品的产权安排有何差异；（2）案例法，结合生活中的大量案例，说明产权形式的多样性，并示范如何从交易费用和租金消散最小化的角度解释这些不同的产权安排。本讲包括三个课时：第一课通过一系列的例子，让学生理解产权形式在多个维度上的差异性和多样性；第二课介绍交易费用和租金消散的概念；第三课介绍制度经济学基本原理，并用大量案例示范其应用。

2. 重要思政元素分析与相关知识板块

（1）具备完整的社会责任感

本章的核心概念是交易费用和租金消散。交易费用是界定和转让权利的费用，租金消散指的是权利界定不清楚导致的资源价值的损耗。一项制度的经济效率高低，取决于交易费用和租金消散的总和的大小。这是新制度经济学的核心原理。这一部分与思政教学的关系在于，交易费用和租金消散的大小不仅取决于外部的制度安排，而且取决于制度中的个体的价值观念和行为方式。当个体的自私自利倾向很高时,社会就要花费更高的制度成本去避免租金消散。理解这一点,有助于学生在理性的基础上形成更完整自觉的社会责任感。

(2) 具备探索和求真的意识

一项制度安排是否合理,主要不是取决于人们的主观判断,而是要看它所导致的交易费用和租金消散总和的高低。这一观察和理解社会制度的视角,有助于学生养成探索和求真的科学意识。本课程的一个核心重点,正是让学生形成观察生活中的制度现象的习惯,并且用本章提供的制度经济学基本原理的分析视角去解释观察到的制度安排。这个过程会逐渐使学生脱离根据个人好恶和人云亦云的方式去评判社会制度的习惯,真正养成科学的思维习惯。

3. 思政教学案例

本章列举了大量生活中制度安排的实例,来展示制度经济学基本原理的解释力。其中有一个重要的案例,是对私有和公有产权的相对效率进行比较分析。基本结论是,私有产权的交易费用较高而租金消散较低,公有产权则反之。因此,不能简单说私有产权的效率和公有产权的效率孰高孰低,关键是在具体社会条件下选择最适用的产权规则。从这个角度去理解中国特色的社会主义道路,是一个很重要的视角,因为多种所有制共同发展正是中国特色社会主义的重要特征。这一章的学习有助于提高学生对中国道路和中国制度的自信。

(四) 合约概论

1. 专业教学目标

这一讲的目的是使学生建立起合约的一般概念,并初步展示经济学对合约选择的解释力。主要内容包括:从产权的角度理解合约的本质、合约概念的一般化、合约形式的选择及其解释。重点是理解合约的本质是对交易各方原有权利的重新界定,以及通过一系列的合约安排的真实例子,展示不同合约安排对资源配置效率的重要影响,并初步学会从经济学视角理解合约安排的选择。难点在于使学生掌握比常识性理解更具有一般性的合约概念。

这一讲的教学方法包括:(1)提问法,如让学生解释生活中常见的一些合约安排,如自助餐的收费安排等;(2)案例法,结合生活中的大量案例,说明合约形式的多样性,并示范如何从经济学的角度解释这些合约安排。本讲包括三个课时:第一课介绍从产权角度理解合约的本质,并建立起具有一般性的合约概念;第二课介绍合约形式的多样性;第三课介绍从经济学角度解释合约安排的一般思路。

2. 重要思政元素分析与相关知识板块

(1) 中国共产党与中国梦

本章将合约概念加以一般化,包含了一个社会的制度、文化、习俗和法律,其中也包含了国家与人民之间的契约关系。中国共产党的初心和使命是为人民谋幸福、为民族谋复兴。中国共产党的领导地位正是在不断践行和推动这一初心与使命的过程中建立起来并不断巩固的。在这个意义上,党与人民之间实际上建立了一个契约关系,其核心就是中国梦的实现。从这个角度去理解党与人民的关系,可以使学生更加发自内心地理解和拥护中国共产党的领导,并且更加自发地参与到民族复兴的中国梦的实践中去。

(2) 公民意识与法治意识

个人与社会的关系也是一系列的合约关系,其中包含了各项复杂的权利和义务。作为公民具备的权利和义务,既体现在社会公序良俗中,也体现在各项法律规定中。通过对合约的本质的理解,以及合约精神的培养,也将有助于学生公民意识和法治意识的形成与发展。

3. 思政教学案例

本章探讨了传统社会与现代社会的一个根本区别,在于合约关系的性质的转变。传统社会的人生活在各种社会习俗构成的契约中,而现代社会的人更多生活在自主选择的合约关系中,包括社会制度和法律规则也是公民自主参与选择的结果。从这个角度来说,我们每一个人都在一定程度上是我们所处社会规则的制定者和责任人,因此更需要自觉的公民意识和法治精神。

(五)信息不对称与逆向选择

1. 专业教学目标

这一讲的目的是介绍市场交易过程中的事前信息不对称带来的一系列行为后果。主要内容包括:信息不对称与逆向选择;市场解决逆向选择问题的一系列方案,包括限制选择、发送信号、信息甄别等。重点是理解逆向选择问题的产生逻辑以及解决方案。难点是全面完整地了解市场中因为逆向选择问题而产生的一系列经济现象,其中信息甄别是与合约安排直接相关的内容,也是在理解上较有难度的内容。

这一讲的教学方法包括:(1)提问法,如让学生思考生活中他们是怎样应对消费过程中的信息不对称问题的;(2)案例法,如通过理发店的会员卡制度,说明合约安排与信息甄别之间的关系。本讲包括三个课时:第一课介绍交易过程中的信息不对称问题,引出逆向选择问题;第二课介绍限制选择、信号发送作为逆向选择问题的解决方案;第三课介绍信息甄别等解决逆向选择问题的其他方案。

2. 重要思政元素分析与相关知识板块

(1)国际视野

本章在分析逆向选择问题的解决方案时,涉及医疗保险的制度安排。由于保险公司与投保人之间的信息不对称,因此保险公司在制定保费标准时面临逆向选择问题——健康风险低的人会退出保险市场,而购买保险的大多是健康风险较高的人。为了避免这一问题可能导致的市场失灵,很多国家政府强制要求所有公民购买医疗保险。但这一制度安排在不同国家又有很大的差异,例如欧洲国家和美国的安排就非常不同。这种对重要制度安排的国际比较,可以帮助学生形成更好的国际视野。

(2) 专业精神

信息不对称和逆向选择问题是现代经济学发展的一个重要成果,其中涉及很多严谨的经济学逻辑的分析。对这一部分知识的掌握,有助于学生完善经济学的专业知识,具备比普通人更强的专业精神。

3. 思政教学案例

这一章的案例涉及较多需要经济学专业知识加以分析理解的内容,比如对二手车市场的分析、对广告信号功能的分析等。二手车市场是典型的买卖双方存在信息不对称的市场,如果没有有效的解决方案,就会导致二手车市场的消失。现实中存在的二手车市场,无论是线下还是线上,都发展出了相应的解决方案。广告从经济学的角度来看,可以理解为高质量厂商发出质量信号的一种手段。这些视角都为学生从更专业的视角去理解社会现象提供了思路。

(六) 信息不对称与道德风险

1. 专业教学目标

这一讲的主要目的是介绍交易过程中的事后信息不对称问题及其解决方案。主要内容包括:信息不对称与道德风险、单任务激励问题、多任务激励问题。重点是理解信息不对称下的激励问题的本质,以及为解决这一问题而产生的一系列市场和企业中的合约安排。难点是掌握多任务激励问题的普遍性,以及由此而引起的广泛的社会现象。

这一讲的教学方法包括:(1)提问法,如让学生思考企业中为了解决激励问题而产生的一系列合约安排;(2)案例法,如通过高校教师的薪酬制度,说明激励与风险的权衡,以及不同任务之间的激励冲突。本讲包括三个课时:第一课介绍事后信息不对称如何导致道德风险或激励问题,第二课介绍单任务下的激励问题,第三课介绍多任务激励问题。

2. 重要思政元素分析与相关知识板块

(1) 文化自信

本章的主题是激励问题,其中的一个核心结论是,由于存在信息和度量问题,外部的激励是有其极限的,因此最有效的激励机制是外部激励和内在激励相结合。这意味着过于强调个人主义的西方文化与更强调集体主义的东方文化和社会主义文化相比,在解决很多社会问题中将面对更大的激励失灵问题。最突出的表现,就是在这次"新冠"疫情防控中的对比。疫情防控要求每一个人都自觉遵守防控规则,否则一个社会将面临无法承受的规则执行成本。

(2) 道路自信

一个社会的政治制度也面临有效激励的问题。西方社会解决这一问题的方式,更多是通过外部的规则设计,比如三权分立、政党竞争等制度。但是这些规则也导致政党和利益集团之间无休止的冲突。中国的民主集中制度,更好地解决了这些问题。中国共产党摆脱了利益集团的制约,通过民族复兴的中国梦等内在激励机制,团结了党内和党外的多数力量,更有效地解决了整个社会发展的激励问题。

3. 思政教学案例

激励问题是一个社会有效运转的根本问题,一个社会的经济和政治制度都包含了解决激励问题的内涵。从这个角度去理解中国道路和西方道路之间的差异,理解东方文化和西方文化之间的异同,是一个重要的视角。从这个视角出发,可以结合大量的实际案例去论证,在这个过程中可以加强学生的文化自信和道路自信。

(七)企业理论

1. 专业教学目标

这一讲的目的是帮助学生从合约安排的角度理解企业的本质,并理解与企业有关的一系列合约选择背后的经济学逻辑。主要内容包括:科斯的企业理论、张五常对科斯理论的阐释、企业的所有权理论。重点是企业的合约本质、企业与劳动者之间的合约安排,以及所有权的概念。难点在于从合约的角度理解企业,理解企业边界的模糊性问题,以及理解所有权对解决不完全合约下的要挟问题的重要意义。

这一讲的教学方法包括:(1)提问法,如让学生阐述他们对所有权概念的理解;(2)案例法,如通过《中华人民共和国劳动合同法》的执行问题,说明界定企业边界的困难性。本讲包括三个课时:第一课介绍科斯的企业理论,第二课介绍张五常对科斯理论的解读,第三课介绍企业的所有权理论。

2. 重要思政元素分析与相关知识板块

(1)中国特色社会主义

国有企业的主体地位是中国特色社会主义的关键特征之一。通过对这一章企业理论的学习,学生会了解到公有还是私有不是企业效率的根本决定因素。企业是生产要素之间一系列合约安排的结果,这些合约的效率决定了企业的效率。通过合理的公司治理结构的安排,国有企业同样可以是有效率的。在一些特定经济领域,国有企业可以发挥比私有企业更有效的作用。

(2) 科学思维

企业理论从合约的视角去理解企业,而不是从常识中生产单位的角度去理解。合约的视角带来企业的边界存在模糊性等反直觉但是符合市场经济现实的结论。这些理解过程有助于学生培养严谨的提炼概念和逻辑思考能力,这是科学思维的重要组成部分。

3. 思政教学案例

企业理论部分一开始就介绍了新制度经济学创始人科斯提出企业理论的过程。当时的科斯还只是一名大学生,他通过对经济学理论的思考和对经济活动的现实的观察,发现当时经济学的企业理论存在的问题。进而他通过对企业的实地调查,逐渐形成了自己的企业理论。这个故事非常适合启发大学生的科学精神。

(八) 国家理论

1. 专业教学目标

这一讲的目的是理解国家的本质特征,以及国家的主要功能。内容包括:国家的概念、国家的功能、诺斯悖论及其解决方案。重点是理解国家的本质特征在于垄断暴力、国家的核心功能是提供产权保护,以及如何约束国家的权力是一个困难的问题。难点是理解几乎所有约束国家权力的方案都存在局限性,包括民主宪政制度。

这一讲的教学方法包括:(1) 提问法,如让学生回答他们对国家概念的理解;(2) 案例法,如通过英国"光荣革命"的案例,说明约束国家权力的必要性。本讲包括三个课时:第一课介绍国家的本质和核心功能;第二课介绍国家的其他功能,并提出诺斯悖论;第三课介绍诺斯悖论的各种解决方案及其局限性。

第十一章 新制度经济学课程思政教学指南

2. 重要思政元素分析与相关知识板块

（1）拥护中国共产党

国家对于提供产权保护和公共物品有必不可少的作用。有效的国家机关必须同时解决权力约束和有效运用权力两方面的问题。中国特色社会主义的根本特征是中国共产党的领导。中国共产党正是找到了上述问题的完美平衡，才有效解决了权力运行和权力监督的两难问题。中国共产党不受利益集团的绑架，也没有多党竞争带来的人为分裂，中国共产党有效团结了各种力量，推动国家前进。这正是中国制度有效性的核心保障。

（2）爱国情操

国家是一个社会有效运行的关键基础，我们日常生活的支撑基础正是中国整个国家体制的有效运转。从这个角度去认识个人与国家的关系，可以更自然地产生爱国情怀。另外，深刻认识中国目前的国家体制相对于西方体制的优势，也是加深爱国情操的一个重要因素。

3. 思政教学案例

本章通过对经济学中的国家理论的探讨，并结合历史上的国家体制的演变，自然落脚到对当前中国的国家体制的理解上。这里可以展开对历史上的国家体制的一些探讨，理解这些体制存在的问题。比如君主制的问题是君主与人民利益的不一致。而所谓宪政民主的问题，是民主投票存在盲目性，政党竞争也容易被利益集团绑架。通过对这些案例的探讨，可以让学生更深刻地理解和认同中国的制度优势和道路优势。

（九）制度变迁理论

1. 专业教学目标

这一讲的目的是解释制度随时间变化的原因，以及无效率制度之所以长期存在的原因。内容包括：制度变迁的效率理论、制度变迁的路径依赖理论、制度变迁的影响因素。重点是理解无效率制度长期存在的原因,包括制度的自我增加机制、制度市场的不充分竞争、集体行动的"搭便车"问题等。难点是区分效率理论和路径依赖理论各自的适用范围。

这一讲的教学方法包括:(1)提问法,如让学生列举生活中制度变迁的案例并加入自己的解释;(2)案例法,如通过家庭制度的历史变迁,说明制度变迁与环境的关系。本讲包括三个课时:第一课介绍制度变迁的效率理论,第二课介绍制度变迁的路径依赖理论,第三课介绍制度变迁的诱发因素。

2. 重要思政元素分析与相关知识板块

(1)文化自信和道路自信

中国的近现代史是一部制度变迁的历史,这个过程中涉及制度变迁理论探讨的所有话题。因此,这一章可以很自然地结合中国的近现代史去展开。在这个过程中,学生会对中国共产党的革命文化、中国特色社会主义的文化有更深入的认识,对于中国为什么走上当前的道路也会有更深刻的理解。通过理解而产生认同,通过认同进一步产生自信。

(2)国际视野

要对制度变迁理论有完整的理解,不仅要有历史视角,而且要有国际视野。这一章以美国奴隶制度的变迁,以及西方世界的兴起作为案例,理解制度变迁的动力和逻辑。在这个过程中,学生会自然从人类命运共同体的视角去看待制度的发展变化,形成和拓宽国际视野。

3. 思政教学案例

美国奴隶制度的变迁是本章的一个重要案例。通过这个案例,学生既可以了解制度变迁背后的效率因素,也可以对制度背后的意识形态因素、资本主义历史上剥削压迫等问题产生更进一步的认识。